최승욱

현재 증권 커뮤니티 기업, 상TV(주) 대표로 재직 중이다. 상TV(주)는 동영상 증권정보 사이트(www.sangtv.co.kr)와 실시간 종목TV(동영상 라이브방송)를 함께 운영하고 있다. 아울러 최첨단 증권 아카데미 교육장은 물론 시스템 개발 사업도 병행하고 있다. 특히 그동안 '상시스템', 'Bestez 보물상자', 'W-on보물상자', '오토매트릭스', 'MW리버스' 등 다수의 프리미엄 증권 시스템을 개발,

운영하고 있는데 그가 만든 HTS는 업계 최고 수준으로 평가받고 있다.

한편, 지난 7년간 자체 보유한 여의도 증권아카데미에서 배출한 제자가 1,400여 명을 넘었으며, 지금껏 대신증권, 우리투자증권 등 10여 개 증권사 임직원 대상 실전 트레이딩 교육을 맡아오면서 증권계의 영원한 사부로 통한다.

방송 부문에서는 증권 프로그램의 효시로 꼽히는 〈최승욱의 세력주 차트급소〉, 〈최승욱의 보물상자〉, 〈김미화 최승욱의 주식인생 대역전〉 등을 매일경제TV, 한국경제TV 등에서 진행하였으며, 특히 〈김미화 최승욱의 주식인생 대역전〉은 증권 프로그램 최고의 시청률을 기록하기도 했다.

그의 대표 저작으로는 《주식천재가 된 홍대리》, 《최승욱's 부자들의 배팅투자법》, 《초단타매매 고수따라하기》, 《실전 기술적분석 고수따라하기》, 《최승욱의 차트급소 공략법》, 《최승욱의 보물상자》, 《최승욱의 쌩초보 주식특강》 등이 있으며, 이들 모두 경제경영서 베스트셀러에 올랐을 정도로 풍부한 이론과 막강한 필력을 자랑한다.

따블맨 이야기

double man story

최승욱 지음

전설의 투자고수,
따블맨의 강한 투자 이야기

프롤로그

개인투자자가 주식 부자가 되는 유일한 방법

월척 조사!

모든 낚시꾼들의 희망이다. 낚시꾼이 평생 동안 월척 조사가 될 확률은 불과 10%에 불과하다고 하니, 월척을 잡는 것이 그들에겐 정말 꿈일 만하다. 흥미로운 사실은, 1년에 낚는 월척의 90%는 바로 이들 월척 조사들의 몫이란다. 단 10%의 월척 조사가 90%의 월척을 잡아낸다니, 여기에도 90/10의 법칙이 적용되는 모양이다. 고기도 먹어본 사람이 먹는다는 말이 있듯이, 대물도 잡아본 사람만이 대물을 잡는다는 게 딱 맞는 얘기인 것 같다.

따블맨!

당신은 지금껏 주식투자에서 단 한 번이라도 '따블'을 먹어 본 적이 있는가? 아마도 그렇지 못했을 공산이 크다. 월척 조사만이 월척을 잡듯이 따블맨만이 따블을 잡을 것이니까. 그렇다면, 일단 우리의 꿈은 여기까지로 잡아야 하는 것 아닌가? 큰 부자는 그다음의 문제로

돌리자. 일생에 단 한 번이라도 따블을 먹어본 사람은, 언제든 따블 종목을 잡아낼 것이 분명하다. 그렇다면, 따블맨이 부자가 되는 것은 결국 시간의 문제일 뿐 당연한 수순이 아니겠는가.

개인투자자들이 주식투자를 통해 **부자가 될 수 있는 유일한 길**은 크게 먹는 길밖에 없다. 잘게 수익을 취하는 그런 소극적 전략은 미련 없이 버려야 한다. **최소한 따블 이상**을 노리는 따블맨이 돼야 한다. 그러기 위해서는 운도 따라 주어야 하지만, 그 무엇보다도 **따블맨을 간절히 원해야 한다**.

그런데 현실은 안타까울 정도로 따블맨과 거리가 멀다. 투자자 10명 중 따블 종목을 잡아본 사람은, 채 10%가 되지 않을 것이다. 따블 종목을 잡아본 적이 없으니 그런 대박 종목을 공략할 노하우가 있을 수 없다. 설령 그런 종목을 잡았더라도 따블까지 승부를 질기게 끌고 가지를 못한다. 일생에 단 한 번도 따블맨이 된 적이 없으니 이는 당연한 결과가 아니겠는가?

월척 조사들은 월척을 잡았을 때, 그 당시의 포인트를 기억한다.
당시의 물색과 계절, 그리고 자신이 사용한 미끼와 채비를 기억한다.
그뿐만 아니라, 월척만의 점잖은 예신을 기억하고 챔질 타이밍도 기억한다.

혹시 대물의 먹이인 바다새우나 참붕어가 어디에 많은지 아는가? 깊은 물속? 아니다. 의외로 얕은 물가, 바로 낚시꾼 발밑에 많다. 이것을 아는 것이 월척 조사이고 그들이 최근에 갓낚시를 집중적으로 하는 이유가 바로 여기에 있다.

따블맨은, 과거 따블 종목의 패턴을 기억한다.

당시의 시장상황과, 업종 및 종목의 흐름을 기억한다.

게다가 따블 종목의 징후를 기억하고 적절한 타이밍을 기억한다.

이 모든 것을 기억하고 있는 이상, 따블맨은 계속해서 따블 종목을 잡아갈 것이다.

따블맨으로서의 자신감, 그리고 큰 승부의 경험들은 그를 더욱 강력한 따블맨으로 만들 것이 분명하다. 그리고 그는 더욱더 부자가 될 것이다.

혹시 따블 종목이 어디에서 많이 탄생하는지 아는가? 지금 하나는 말해줄 수 있다. 1만 원을 목전에 둔 9천 원대 종목, 그리고 10만 원을 목전에 둔 9만 원대 종목, 바로 이들이 예비 따블 종목에 가장 가깝다고 할 수 있다. 현재 비싸지고 있는 종목이면서 개인투자자들이 별로 좋아하지 않는 가격대에 있는 그런 종목이다. 상식 밖이지만 이렇게 고가주로 가는 길목에 있는 종목, 바로 여기에서 따블 종목이 탄생하는 법이다. 낚시로 치면 갓낚시 원리와 유사하다고나 할까?

・・・

이제 '종가 알박기'에 대한 얘기를 할 차례다.

과연 단 하나의 이론과 패턴만으로 주식투자에서 성공할 수 있을까?
만약 그렇다면 한두 시간 교육만으로 예비 따블맨(1개월, 20% 수익)을 만들 수도 있는 것 아니겠는가?

어느 날 차를 몰다가 문득 이런 생각을 했다.
주식시장에서 이론은 많지만 돈 버는 원리는 사실 한두 가지뿐이다.
그렇다면, 한두 시간 강의만으로도 돈 버는 원리를 몽땅 전파할 수 있어야 맞는 것 아닌가?
이런 생각이 들고 며칠 후 깜짝 실험을 해보기로 했다.

실험은 이랬다.

아직 초보 수준에 불과한 여직원들을 대상으로 단 하나의 이론과 패턴, 바로 종가 알박기 이론만을 교육시켜 예비 따블맨을 만들어보는 것이다. 며칠 후 단기 교육의 이해도와 문제점을 분석하고, 피드백 차원에서 반복 교육을 한 차례 더 실시했다. 그런 다음 실제 주식시장에서 투자를 시켜보았다.

과연 결과가 어떻게 나왔을까? 결과가 몹시 궁금했던 나는 뜬눈으로 밤을 지새우고 말았다. 밤의 생각은 상상력을 끝까지 키워 준다더니, 아침 녘이 되자 난 이 실험이 반드시 성공할 것으로 자신했다.

'쌩초보' 여직원들을 대상으로 한 예비 따블맨 실험은 다음과 같이 진행되었다.

3월 중순, 약 2시간에 걸쳐 종가 알박기의 이론적 배경과 실제 사례들을 통한 집중 교육을 실시했다. 이틀 후 교육의 이해도를 들어보고 피드백 차원에서 1시간 보충 교육을 실시했다. 결과는 대만족이었다. 단 3시간의 교육이었음에도 불구하고 초보 수준의 여직원들이 강한 종목에 대한 배팅법, 종가 알박기 이론에 대해 정확히 인지하고 있는 것이 아닌가. 불과 몇 시간 만에 트레이딩 관점에서 180도 바뀐 여직원들을 보니 정말 믿기지 않을 정도였다. 이제 가장 큰 문제가 남았다. 과연 실제 투자에서도 이 실험이 성공할 것인가 하는 점에 있어서는 아직 의문이었다. 물론 난 자신했으므로 한 치의 망설임 없이 실전 트레이딩 실험에 돌입했다.

한 달 후, 그들은 또다시 날 놀라게 만들었다. 그 결과에 대해선 책 내용에 넣었으니 참조하기 바란다.

아무튼, 단 3시간의 교육으로, 이 험난한 주식시장에서 간단히 수익모델을 만들고 실제 트레이딩을 통해 예비 따블맨이 되다니! 이런 기적 같은 일이 가능하다는 사실에 나는 물론 실험에 참가한 여직원들 스스로도 놀라워했다.

이제 이 간단한 실험을 보다 많은 사람들에게 시도해 보고자 한다. 단 3시간 교육만으로 예비 따블맨의 탄생이 가능하다면, 그 정도의 분량을 담은 책을 통해서도 충분히 성공이 가능하지 않겠는가 하는 것이다.

이 책을 통해서 난 두 번째 실험을 이제 막 시작했다.

단 하루 만에 강의하듯이 따블맨 양성에 관한 책을 쓰고, 그 내용을 여과 없이 책으로 만들어보는 것. 최대한 군더더기 없이 핵심 이론만 싣고, 마치 강의하듯이 진행한다면, 이 책을 읽는 단 3시간 만으로도 앞서 실험했던 것과 비슷한 결과가 나오지 않을까, 라고 생각했다.

드디어 3월 20일 밤 8시, 난 마치 강의하듯 원고를 거침없이 써나가기 시작했다. 그리고 다음날 오후 3시가 되자 원고작업을 모두 마쳤다. 정확히 19시간이 걸렸다.

마치 강의하듯이 생생한 표현을 싣고자 일사천리로 글을 썼다. 써놓고 보니 실제 강의와 거의 차이가 없을 정도로 표현이나 전달력이 투박하면서도 강했다. 물론 이 부분은, 편집 측면에서만 보면 아쉬움으로 남는 대목이기도 하다. 그 점은 읽는 독자 분들에게 죄송한 마음이 크다. 그러나 이 책의 본질은 따로 있기에 기꺼이 용서하리라 믿는다.

책을 읽기 전에, 주식 부자의 첫 관문은 무엇보다도 '따블맨이 되는 것에 있다.'라는 사실을 꼭 알아주었으면 한다. 더불어 그 해답은 강한 종목으로의 교체매매와 종가 알박기 이론에서 반드시 찾을 수 있다는 확고한 믿음을 부디 가져주었으면 한다.

아무튼, 이제 책을 통해 예비 따블맨 실험을 시작하기로 하자.

자, 그러면 지금부터, 나의 꿈이 현실로 이루어지길 간곡히 바라면서 따블맨 실험을 시작한다.

2008년 9월 여의도 사무실에서   최 승 욱

차례 따블맨 이야기
double man story

프롤로그   개인투자자가 주식 부자가 되는 유일한 방법 2

1장 ● 큰손들은 대부분 따블맨이다 10
  따블맨이 되자, 따블맨이 되자!

2장 ● 예비 따블맨이여, '강한 종목'에 올라타라! 28
  새가슴 투자자, 결코 따블맨이 될 수 없다

3장 ● '강한 종목 급소 구간'을 노려라! 56
  완벽한 찬스에서 승부하라!

4장 ● 따블맨에게 '교체매매'란 생활이다! 94
  갖고 있는 종목을 더 강한 종목으로 옮겨라!

5장 ● 확실히 돈 되는 거래전략, '종가 알박기' 112
크게 승부하는 법을 배워라!

6장 ● 지금 당장 '점핑 양봉'을 찾아라! 134
큰 세력일수록 신고가 종목을 노린다

7장 ● 따블맨의 결정적인 4대 매도법칙! 158
이익을 최대한 굴려라

부록   주식시장 시크릿 10계명 178

에필로그   따블맨 파이팅! 217

1장

큰손들은 대부분 따블맨이다
따블맨이 되자, 따블맨이 되자!

큰손들은 모두 따블맨이다. 굳이 확인할 것도 없이 그들은 화려한 따블맨 경력자임에 분명하다. 따블 이상의 고수익을 추구하지 않고 결코 큰돈을 모을 수 없으니까 말이다. 어쩌면 따따블맨이 수두룩할지도 모른다. 2007년 삼성물산, 현대중공업만 봐도 충분히 짐작되는 일이 아니겠는가.

일전에 친분 있는 큰손 한 분이 사무실로 찾아왔다. 그는 '일성신약'을 4만 원 때부터 매집, 거의 따블을 먹고 있는 중이었다. 그런데 투자금액이 무려 50억이다. 이제 정리하실 때가 되지 않았느냐는 필자의 물음에 그는 이렇게 답했다.

"벌써? 이제 겨우 시작인데? 아직 멀었어……."

헉, 이제 겨우 시작?

얼마 전, 그분의 기사가 신문에 났다.

〈개인투자자 표형식 씨, 일성신약에 50억 투자, 수익만 무려 110억!〉

세력과 개미들의 가장 큰 차이점은 무엇일까?

주식 경력? 자본금? 정보력? 거래기법? 물론 그럴 수도 있겠다. 그러나 필자는 가장 큰 요인으로 '배포의 차이'를 들고 싶다. 따블을 먹고도 눈 하나 깜짝하지 않는 그런 배포. 그렇게 보면 개미들로선 부자가 될 가능성이 원천적으로 차단된 셈이다. 10~20%만 먹어도 가슴이 떨려서 팔고 나오기 바쁠 테니까.

운전, 초보 티 벗을 때 좋은 방법이 하나 있다. 고속도로에서 시속 120~130km 정도로 밟으면서 짜릿하게 속도감을 느껴보는 것이다. 이렇게 밟고 나면, 시내주행? 그냥 우습게 생각된다. 이미 속도에 대한 두려움이 사라졌으니까. 그런 면에서 운전 경력 10년이라도 시내주행만 한 사람, 그리고 100km 이상 밟아보지 않은 사람은 여전히 초보다.

따블맨은 강한 배포의 소유자가 대부분이다. 그렇다면, 운전에서 초보 티 벗듯이 따블맨이 되기 위해서 어떻게든 한번 질러봐야 하는 거 아닌가? 일단 몇 가지 방법만 알려주겠다.

이미 따블로 간 종목, 혹은 상한가 두세 방 치고 급하게 날아가는 종목을 눈 딱 감고 한번 따라가 보는 것이다. 미쳤다고 손가락질을 할 사람도 있겠지만 훗날 따블맨이 되기 위한 최고의 처방이라 생각하고 부디 참아주기 바란다. 물론 테스트니까 소액으로 접근하는 것은 기본이다. 평소의 소심한 투자자들, 단기적으로 10~20%만 올라도 대부분 매입을 망설이게 된다. 그런데 이렇게 해서 언제 따블맨이 될 것인가? 그리고 또 언제 현대중공업 같은 대박주를 잡겠는가?

일단 **따블맨은 단기상승에 따른 부담감에서 자유로워야 한다.** 얼마 올랐으니 팔아야 한다! 이런 소극적인 마인드나 가격논리로는 결코 따블맨이 될 수 없다. 사실, 불과 한 달 전에 1만 원인 종목이 지금 1만 5천 원으로 올랐다면, 당신은 어떻게 대응하겠는가? 사실 몹시 궁금하다. 아마도, '너무 올랐잖아?' 하면서 쳐다보지도 않을 공산이 크다. 물론 이런 마인드로는 결코 따블맨이 될 수 없다는 것을 충분히 인식했을 것이다. 그렇다면 어떻게 대응해야 하는가. '어? 이 종목 날아가네. 뭔가 있구나…….' 바로 이것이다! 이런 긍정적인 사고로 접근하고, 적극적으로 따라붙을 수 있어야 따블맨으로서의 진정한 자격이 주어지는 것이다.

필자는 전작 《부자들의 배팅투자법》에서 독자들에게 따블맨의 자질이 있는지 간단한 테스트를 한 적이 있다. 테스트 내용은 다음과 같다.

"나는 당신에게 정확히 1억 원의 투자금을 빌려줍니다. 당신은 지금 이 돈으로 단 한 번의 거래를 할 수 있으며 단 한 번의 배팅이 실패로 끝나면 당신에게는 기회가 사라지게 됩니다. 반면 성공하면, 그땐 1억 원이라는 목돈을 성공의 대가로 받게 됩니다. 조건은 다음의 단 두 가지 상황, 당신에게는 다음 두 종목 중에서 하나의 종목을 택일할 수 있는 권리가 있습니다. 이때 둘 중 하나는 반드시 100% 상승한다고 전제합니다. 자 이제, 당신은 과연 어떤 종목에 단 한 번의 배팅을 감행하겠습니까?"

| 배팅 타이밍 비교 |

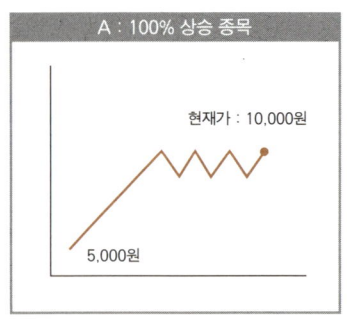
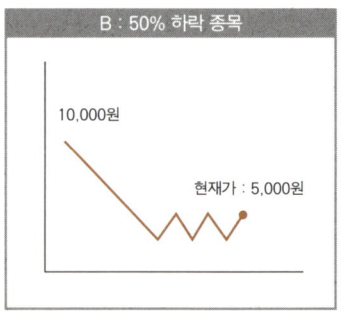

결론부터 말씀드리면, 따블맨이 되기 위해선 A패턴의 종목에 배팅해야 한다. 물론 질문 의도를 간파한 당신은 아마도 A종목을 선택했을 가능성이 높다. 그러나 막상 실전에서는 180도 달라진다. 1억 원을 주고 단 한 번의 기회가 있을 뿐이라고 한다면 많이 오른 A종목을 선택할 수 있을까? 십중팔구, B를 선택할 가능성이 높다. 1억 원을 놓고 벌이는 단판 승부에서, 과연 가격 부담을 엄청 느끼는 비싼 종목에 배팅할 수 있겠는가? 단언하지만, 가격이 떨어져서 만만한, 낙폭 과대주인 B쪽에 1억 원을 배팅할 것이 분명하다.

아무튼, B처럼 싼 것을 선호하는 당신은, 큰 부를 위해 단 한 번의 기회를 걸고 배팅하기에는 지극히 평범한 심리를 가졌다. 모두가 선호하는 그런 소심한 배팅력으로는 따블맨이 될 가능성은 매우 낮다. 단 한 번의 기회를, 모든 사람들이 벼르는, 가격이 떨어져서 매수하기에 만만한 종목을 선택하다니! 악성 매물이 잔뜩 쌓인 그런 하락추세의 종목을 말이다.

반면, 왼쪽 A패턴의 강한 추세의 종목을 선택했다면 당신은 따블맨이 될 가능성이 매우 높다. 이런 선택, 즉 많이 오른 종목을 주저 없이 매수한다는 것은 인간의 기본적인 바겐세일 심리를 역행하는 행위로써 결코 쉽지 않다. 그러나 이러한 강한 배팅력이야말로 따블맨이 되고, 큰 부자가 되기 위한 가장 기본적인 자질이다. 이렇듯 따블맨은 시장 추세를 존중하고, 적당한 배포와 강한 배팅력을 갖췄을 때 탄생한다.

따블맨은, 항상 큰 고비를 극복했을 때 탄생하는 법이고, 큰 추세 또한 어떤 의미 있는 가격대나 강력한 저항을 극복했을 때 탄생하는 법이다. 평범한 인간심리, 공포와 희망이라는 투자자의 공통된 심리로부터 자유로워졌을 때, 비로소 따블맨의 반열에 들 수 있게 된다.

따블맨이 되기 위한 두 번째 방법은, **고가주에 대한 부담으로부터 자유로워야 한다는 것이다.** 5만 원만 넘으면 아예 자기 종목이 아니라고 포기하는 투자자가 의외로 많은데, 참으로 안타까운 현실이 아닐 수 없다. 평생 만 원 이상의 종목은 거래해본 적이 없다는 교육생(주로 젊은 교육생들)이 한둘이 아닐 정도로 저가주에 빠져서 헤어 나오지 못하는 개미들이 너무 많다. 500원, 1,000원 종목에서 대박이 많이 터진다나? 정말 상식 밖의 믿음이 아닐 수 없다. 이런 저가주 투자자치고 돈 벌었다는 사람이 있던가?

지금 당장, 10만 원 수준의 고가주를 의심과 고민 없이 그냥 한번 매수해보길 간곡히 청한다. 내일 당장, LG화학이나 두산중공업을 눈 딱 감고 10주만 사보라. 고가주 몇 주 샀다고 무슨 따블맨이 되겠어? 이런 의심은 일단 접어두고 필자를 믿기 바란다. 여기에서 분명히 말씀드릴 수 있는 것은 날아가고 있는 종목을 두려움 없이 따라붙고, 수십만 원인 고가주를 당당하게 매입하고, 이런 담대한 거래를 통해 당신은 따블맨의 자질을 서서히 갖추게 되는 것이다.

믿기지 않겠지만, 10만 원 이상의 고가주가 몇천 원인 저가주보다 확률적으로 훨씬 다이내믹하게 상승하는 법이다. 이건 그동안의 경험상, 100% 사실이다. 물론 하락 시에는 다행히 그 반대. 만약 당신이 10만 원인 고가주를 사서 20만 원을 돌파할 때까지 버티게 되면, 당신은 그냥 따블맨이 아니라 로열 따블맨이 되는 것이다. 이제 큰 부자가 되기 위해 절대적으로 요구되는 통 큰 배포가, 이런 고가주 거래의 성공을 통해 단 한 방으로 배양되는 것이다. 아무튼, 500원짜리가 1,000원 가는 것보다 10만 원짜리의 고가주가 20만 원이 될 가능성이 확률적으로 훨씬 더 높다는 사실을 부디 깨우치길 바란다.

결론적으로, 주식 인생의 새로운 전환점은 바로 이런 선 굵은 거래에서 비롯된다. 단언하지만, 바닥에서 기고 있는 종목, 싸고 만만한 종목만 상대하는 그런 소심한 투자자는 10년이 지나도 여전히 초보일 뿐이다.

마지막으로, 따블맨 훈련법 중에 기계적인 교체매매가 있다. 따블맨이 되려면 개별종목에 대한 감정이나 지식을 완전히 배제한 상태에서 뚝심 있게 거래하는 것이 필요하다. 기업의 숨은 배경은 모를수록 오히려 유리한 경우가 많다. 일단 따블맨 훈련을 위해 가장 단순한 거래인 양음 교체매매 전략을 구사해 보도록 하자. 종가 무렵에 홀딩할 것인가 매도할 것인가의 판단을 순전히 양음 패턴에 맡기자는 것이다.

방법은 무척 간단하다. 2시 30분경, 보유 종목이 '양봉'이면 홀딩, '음봉'이면 무조건 팔아버리는 것이다. 일봉 캔들에 모든 매도 기준을 정하다니……. 정말이지 이런 바보 같은 거래법이 또 어디에 있겠는가 하고 비난할 수도 있겠다. 그러나 따블맨은 이런 기계적인 거래법이 몸에 익었을 때 자연스럽게 탄생하는 법이다. 따블맨은 예측 거래로는 평생 닿을 수 없는 영역이다. 따블맨은 주가의 정점이 얼마까지 갈 것인지 전혀 예측하지 않는 그런 투자자들의 고유 영역인 것이다. 그러니 훈련이라 생각하고 기계적인 거래를 꼭 한 번 실천해보기 바란다.

그런데 이렇게 단순한 거래법이라고 생각한 것이 실전에서 실천하기가 쉬울 것인가? 천만의 말씀이다. 평소에 익숙한 물타기 거래, 즉 떨어지는 방향으로 물량을 확대하는 전략과 비교해 최소 10배 이상은 어려울 것이다. 추측이지만, 이 글을 읽는 독자 분 중 최소한 70~80%는 절대 이렇게 하지 못한다. 음봉을 팔면 당장 손해인데, 선뜻 팔 수 있겠는가? 굳이 팔려면 차라리 조금이라도 이익이 난 양봉을 팔려고 할 것이다. 필자의 얘기가 맞는지 점검 차원에서 필히 한 번 시도해보길 바란다. 새삼 강조하지만, 따블맨이 되기 위해서 양봉 홀딩, 음봉 매도, 이런 기계적인 거래행위는 매우 중요하다.

따블맨이 되기 위해서는 무엇보다도 **담대해져야 한다**. 투자에 있어서는 **공포와 희망**이라는 심리의 지배를 완전히 벗어나야만 **진정한 따블맨의 자격**이 주어진다고 할 수 있다. 때로는 얼음처럼 **차가운 심장**을 가져야 한다. 손해 보고 물량을 던질 때, 그 아픈 쓰라림을 **초연히 극복할 수 있어야 한다**.

따블맨은, 손해나서 엄청 속상한 종목을 우선해서 팔 수 있어야 한다. '따블맨 자질에서 가장 요구되는 것'이 바로 이런 '결단력'이다. 가장 힘든 일이지만 종가에 음봉이 출현하면 아깝더라도 미련 없이 던질 수 있어야 한다는 얘기다. 그뿐만 아니라 이익을 확정 짓고 싶은 유혹에서도 벗어날 수 있어야 한다. 바로 양봉이 출현했을 때 팔고 싶은 욕구를 참는 것이다. 이제 그동안의 거래습관, 양봉을 팔아서 작은 이익을 취하고, 음봉에서 물려 오랫동안 홀딩했던, 그런 잘못된 습관을 180도 바꿔야 한다. 진정으로 따블맨을 희망한다면 말이다.

그리고 강한 종목에 대한 끝없는 구애와 탐욕, 이것만 지켜라. 따블맨만이 모든 것을 갖는다는 걸 항상 기억하면서 말이다. 그러면 그리 멀지 않은 장래에 당신은 반드시 따블맨이 될 것이다.

나의 제자이자 사업적 파트너인 부산의 '캡틴 윤', 그는 어느 날 이렇게 말했다.

"나는 항상 나의 소심한 거래에서 절망감을 느꼈습니다. 특히 상승장에선 더욱 그랬죠. 나의 거래방식은 항상 자잘했고, 난 그렇게 작은 이익에 팔고 사고를 반복하는 게 전부인 줄 알았어요. 그러다가 사부님을 통해 큰 거래에 대한 철학을 배우고 따블맨이 되기로 결심했습니다. 그런 이후, 지금은 당연히 저도 따블맨이 되었죠. 그것도 채 5개월이 안 돼서 말입니다. 따블맨이 되기로 결심한 이후 나는 확실하게 알았습니다. 따블맨은 일상의 바깥, 결코 고수의 경지에 있지 않다는 것을요. 단지 '결심의 문제'였습니다. 아무튼 따블맨이 되고자 결심하는 순간, 따블맨은 누구나 될 수 있습니다. 이건 분명합니다."

따블맨이 되는 데 있어 최고의 걸림돌은 '리스크에 대한 두려움'이다. 단순한 주문 실수를 반복하는 것, 벌어놓은 수익을 까먹을까 염려하는 것, 팔고 난 후 해당 종목이 급등하면 어찌하나 생각하는 것 등에 대한 두려움 말이다. 성공적인 트레이더는 이런 리스크를 감내하고, 새로운 종목(강한 종목)으로 이동을 일삼다가 그 과정에서 몇몇 실수를 저지를 수도 있다는 사실을 인정해야 한다.

주식투자에 있어 상승에 따른 두려움을 극복하지 못하고 이익을 극대화할 수 없게 되면, 다시 친숙한 일상의 반복이라는 함정에 빠지게 된다. 떨어지는 종목을 길게 보유하고, 크게 이익을 주고 있는 종목을 쉽게 처분하는, 그런 일상의 반복은 확실히 친숙하다. 그 친숙함 속에서 당신은 편안함을 얻게 될 것이다. 물론 기다리고 있는 것은 따블맨이 아니라, '깡통맨'이 될 것이 자명하지만 말이다.

편안한 거래는 두려움을 피해 가는 거래다. 그러나 두려움 없이, 혹은 리스크 없이 큰 수익이 보장되는 일이 있던가? 큰 수익은 리스크와 항상 한 몸이다. 크게 벌기 위해서는 이익을 최대한 길게 끌고 가는, 그에 따른 리스크와 특별한 두려움을 극복해야 한다. 큰 수익을 위해서는 두려움과 승리감을 번갈아 가며 느껴야 한다. 따블맨은 그 과정에서 자연스럽게 탄생하는 법이다.

당신이 따블맨이 되기 위해서 **새로운 시도**, 즉 이익을 확정 짓지 않고 최대한 크게 부풀리는 행위는, 결과가 좋든 형편없든 그 자체로 만만세다. 정말로 **중요한 것은, 당신이 드디어** 새로운 영역, '따블맨'이라는 전혀 낯선 구역에 **발을 내디뎠다는 사실이다.**

2장

예비 따블맨이여, '강한 종목'에 올라타라!

새가슴 투자자, 결코 따블맨이 될 수 없다

만약 당신이 당장 내일부터 강한 종목으로만 교체매매한다면, 1년 안에 따블맨은 물론 펀드 수익률의 2~3배 이상 고수익을 올린다는 것에 내 이름 석 자를 건다.

시점은 종가 무렵, 자신의 계좌에 1,800개 종목 중에 가장 강한 종목만 편입시킨다는 독한 마음을 먹고 끊임없이 강한 종목을 찾아서 옮겨 다녀 보라. 한번 속는 셈 치고, 당장 실행해보라. 그러면 1년 안에, 주식 인생 통틀어서 최고의 수익률을 올린 한 해로 반드시 기억될 것이다.

돈은 매일매일 거래를 통해 "오늘 얼마 벌었다.", 이렇게 정직하게 계산되어서는 크게 모으는 데 대부분 실패한다. 자신의 계좌가 어떻게 불어나는지, 세세히 몰라야 한다. 어느 날 봤더니, 1,000만 원이 1,500만 원, 또 어느 날 봤더니 3,000만 원, 이렇게 언제 불어나는지 자신도 모르는 사이 왕창 불어나야 한다.

그러기 위해서는, 야금야금 작은 이익을 뜯어먹는 것이 아니라 종목 하나에 왕창 먹어야 한다. 바로 따블맨이 되어야 하는 것이다. 그렇다면, 이렇게 큰 수익을 가져다주는 종목의 특징이 무엇인지 한번 분석해보라. 밋밋하게 옆으로 기는 종목? 아니면 20일선 역배열 종목? 아니다. 오히려 우리가 많이 올랐다고 기피하는 종목, 조정을 기다리고, 언젠가 떨어지겠지 하면서 기다리다가 놓치고 마는 그런 종목에서 소위 대박이 터진다. 따블 종목은 모두 이런 종목에서 탄생한다.

대물은 깊은 물속에 있을 것이라는 고정관념, 대박은 많이 떨어진 종목에서 탄생할 거라는 고정관념, 이제 우리는 이런 잘못된 고정관념으로부터 탈피해야 한다. 대박은 항상 우리 상식의 반대편에 있다. 그리고 따블맨은, 극복하기 어려운 구간으로 거래를 한, 상식의 반대편에 선 사람들이다.

저점매수! 그동안 편한 구간으로 거래를 종용했던 이런 저가매수 논리는 이제 용도 폐기되어야 할 시점이다. 센 종목, 가격 부담을 상당 부분 느끼는 그런 종목을 고점매수해야 비로소 따블맨이 되는 것이다. 자기 계좌가 불어나는 원리도 그렇다. 강한 종목으로 옮겨 다니다 보니 몇몇 종목에서 크게 대박이 터지는 것이다. 계좌 잔고? 이건 자신도 모르는 사이, 계산을 앞서갈 정도로 쑥쑥 불어나야 한다. 모든 돈은 이렇게 크게 벌어야 한다.

개인들이 주식투자를 통해 **돈을 잃는 결정적인 이유**가 무엇이라 생각하는가? 투자금이 적어서? 정보가 부족해서? 아니면 투자경험이 부족해서? 천만의 말씀이다. 가장 큰 이유는, **약한 종목만 다루기 때문이다.**

싸고 만만한 종목, 불과 한 달 전에 1만 원이었던 종목이 지금 7천 원이면 웬 횡재인가 싶어 이것저것 잴 것 없이 사게 된다. 이렇게 약한 종목만 좋아하다 보면 '따블맨'은 고사하고 멀지 않은 장래에 '깡통맨'으로 전락할 것이 자명하다.

그런데 더욱 안타까운 것은, 한 달 전 1만 원인 종목이 지금 1만 3천 원이라고 하면 이 경우에는 또 절대 사지 않는다는 사실이다. 사고 싶은 종목이 있어도 떨어질 때까지 그냥 참고 버틴다. 심지어 1년, 2년. 만약 안 떨어지면? 그냥 안 사고 만다. 그렇게 포기한 종목이 바로 현대중공업이고 두산인 것이다.

현대중공업, 2007년 초에 10만 원대에 불과했고, 2006년 초에는 5만 원대의 평범한 종목이었다. 또 얼마나 무거웠던가. 그런 종목이 2007년 하반기 50만 원대로 폭등했다. 한 가지 궁금하다. 이 종목을 통해 대박을 터뜨린 개인들은 과연 얼마나 될까? 추측이지만, 따블맨의 반열에 오른 일부 프로들을 제외하고는 아마 거의 없을 것이다. 실제 미래에셋 같은 거물급 펀드들이 실질적인 수익을 대부분 챙겼다는 것은 주지의 사실이다.

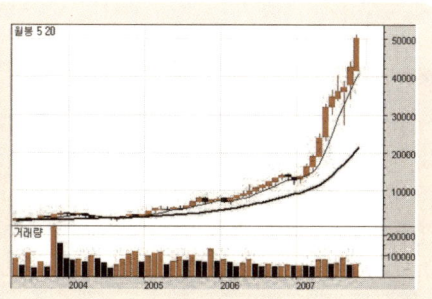

현대중공업(월봉)
대박은 항상 상식의 반대편에 선 사람이 챙긴다. 따블맨은, 극복하기 어려운 힘든 구간으로 거래를 한, 상식의 반대편으로 포지션을 잡은 사람들이다.
2005년 여름, 5만 원에 불과하던 현대중공업. 불과 2년 만에 10배인 50만 원으로 폭등했다. 모두들 무거운 주식이라고 거들떠보지 않던 현대중공업은 상식의 반대편에서 강하게 지른 따블맨, 그리고 거물급 펀드들이 수익을 몽땅 챙겼다. 현대중공업의 모델은, 따블맨을 희망하는 모든 투자자들이 평생 잊지 말아야 할 정말 보배 같은 사례에 해당된다.

두산 또한 2007년 초에 5만 원대에 불과했다. 2006년 초엔 2만 원대의 그저 그런 종목이었고. 그러나 두산은 불과 1~2년 만에 지주회사로의 전환 가능성이 대두되었고, 그러면서 두산의 자산 가치는 주가 급등의 촉매로 작용하였다. 이후 급등에 급등을 거듭한 끝에 2007년 11월, 드디어 꿈의 가격대인 30만 원에 도달하였다.

그런데 정말 안타까운 것은, 이 종목 덕분에 부자가 된 개인들, 과연 몇이나 될까 하는 것이다. 모든 투자자가 다 아는, 그런 뻔한 종목이 급등했는데 말이다. 모르긴 몰라도 개인투자자들 중 소수의 따블맨을 제외하고는 부자가 된 사람은 아마 거의 없을 것이다. 그렇다면, 이 종목을 통해 대박을 터뜨린 투자자들은 과연 누구일까? 현대중공업과 마찬가지로 1년간 쉬지 않고 매집한 기관들, 역시나 그들이 이 어마어마한 수익을 몽땅 챙겼다.

그러면 주식투자 초보들도 다 알고 있는 현대중공업, 그리고 두산 같은 대중주의 폭등이 개인투자자들의 수익과 전혀 상관없는 결정적 이유는 무엇인가? 그렇다. 결론적으로 단 한 가지다. 대부분의 개미들이 따블맨이 아니기 때문이다. 따블맨이 된 적이 단 한 번도 없기 때문에 현대중공업처럼 계단식으로 꾸준하게 날아가는 종목을 '못 먹는 감'으로 낙인찍고 그냥 포기하고 마는 것이다.

운 좋게 이런 황금주를 보유하고 있었던 사람들도 못 먹기는 마찬가지였다. 강한 종목의 가치를 모르니까 불안한 마음에 금방 팔고 만다. 그저 작은 이익에 만족하는 것이다. 그동안 자기가 보유했던 종목 중 가장 강한 종목을, 자신의 인생을 180도 바꿀 수도 있는 그런 대박 종목을, 작은 이익을 챙기기에 마음이 앞섰던 탓에 그만 버리고 만 것이다. 도대체 언제 어떻게 부자가 될 것인가?

이제 우리는, 그동안의 소심한 투자행태에 대해서 스스로 분개해야 한다. 강한 종목을 갖고 끝까지 버티지 못한 자신의 나약함을 질책해야 한다. 이미 많이 올랐다고 해서 아예 못 먹는 감으로 규정하고 거래 자체를 포기한 그동안의 소심한 투자행태에 대해 깊이 반성해야 한다. 다시 한 번 자신의 인생을 바꿀 기회를 준다면, 그때는 반드시 따블맨이 되리라 이번 기회에 굳게 다짐해야 한다.

●●●

　다른 측면에서 한번 살펴보자.
　만약 자신이 매입한 가격보다 주가가 떨어지면 추가매수를 하는 데 있어서는 모두들 선수급이다. 소위 물타기라는 것을 당연하게 여긴다. 물타기만큼은 결코 해서는 안 된다고 귀에 딱지가 들어앉을 정도로 들었을 텐데도 기대와 달리 주가가 떨어지면 떨어지는 방향으로 마구잡이로 추가매수에 들어간다. 고점매수는 정말 어렵지만, 이런 거래는 쉬워도 너무 쉽다. 떨어지는 쪽으로 싸게 나누어서 사는 것, 이것은 모든 투자자들이 그동안 숱하게 행했던 가장 만만한 거래가 아니겠는가.

모두들 본전 회복 심리가 너무 강하다. 떨어지고는 절대 못 파는 것이 개미들의 공통된 심리다. 그뿐만 아니다. 반등할 때를 대비해 평균 매집 단가를 낮추려는 심리까지 작용, 하락 시 매도가 아닌 추가매수로 버틴다. 손실을 일시에 만회할 요량으로 물량 규모를 키우는 것이다. 욕심이다. 매번 이런 어설픈 희망과 전략으로 원금이 왕창 날아가지만 그 심리와 기대는 결코 버리질 못한다. 따블맨과 점점 멀어지는 것이다.

누가 그랬던가. **물량 확대는 반드시 상승 쪽으로만 가야 한다고**. 1만 원에서 사고, 1만 5천 원에서 추가매수하는 식으로 말이다. 물량 확대는, 반드시 이익이 난 종목에 한해서 조심스럽게 접근해야 한다는 것을 명심해야 한다. 따블맨은 이런 식의 거래가 몸에 익으면서 자연스럽게 탄생하는 법이다. 그런데 이렇게 실천하는 개미들은 거의 없다. 그러니 평생 따블맨이 되지 못하는 것이다.

또 하나 중요한 것이 있다. 만약 작은 이익을 먹고 던진 종목이 훗날 조금 더 올랐을 때, 이 종목을 다시 살 수 있는 투자자는 아직 가능성이 있다. 그런데 이게 또 어렵다. 물타기에 익숙한 개인들의 가장 심각한 문제는 어쩌면 여기에 있는 것이 아닐까? 자신이 팔았던 종목이 상승하면 결코 재매수하지 않는다는 사실 말이다. 자기가 판 가격에서 10~20%만 오르면 절대 사지 않으니 참으로 아이러니하다. 그냥 배 아파 하면서 떨어지기만을 기다린다. 언젠가는 반드시 떨어질 것이라는 믿음을 간직한 채.

단언하지만, 자기가 판 종목을 웃돈 주고 조금 비싸게 살 수 없는 그런 새가슴 투자자는 결코 따블맨이 될 수 없다. 그리고 따블맨이 아닌 이상, 자신의 계좌는 시간에 비례하여 서서히 쪼그라들 것이 분명하고, 멀지 않은 장래에 반드시 이 시장을 떠나게 될 것이다. 만약 이런 호언장담에도 불구하고 작은 이익에 물량을 처분하는 그런 소심한 투자자가 성공한다면, 내가 가진 모든 것을 걸 용의가 있다. 이건 불가능하다.

자, 이제 '따블맨의 비밀과 그 배경'에 대해서 알아보자.

먼저 주식수 논리다. 주식수는 늘어나야 부자가 되는 것으로 착각하는데, 이건 아니다. 주식수는 일반적인 생각과 반대로 줄어야 부자가 된다. 따블맨의 비밀은 바로 여기에 있다.

'이건 또 뭔 말인가?' 할 것이다. 그렇다. 돈 버는 계좌는 투자기간에 비례해서 주식수가 감소해야 맞다. 이렇게 생각해보자. 삼성전자 1,000주를 가진 사람이 부자인가, 아남전자 10,000주를 가진 사람이 부자인가? 얼른 모르겠으면 계산을 해보자. 먼저, 2008년 8월 말 기준으로 삼성전자 1,000주면 대략 5억 정도가 된다. 삼성전자가 주당 대략 50만 원 정도 하니까 그렇다. 그런데 아남전자는 주당 4천 원에 못 미친다. 그러면 10,000주 다 해봐야 대략 4,000만 원도 안 된다. 자, 누가 부자인가?

앞서 주식투자를 통해 부자가 되는 길은 올라가고 있는 종목, 강하게 치고 나가는 종목을 배 아프지만 더 주고 사는 길 외에는 달리 방법이 없다고 했다. 맞는 얘기다. 더 주고 산 종목이 강한 종목이고 이런 종목이 멀리 가는 법이다. 결론적으로, 더 주고 산 종목을 더 많이 덧붙여 비싸게 팔아야 따블맨도 되고 부자도 된다, 하는 말이다.

삼성전자, IMF 당시 3만 원에 불과했다. 물론 그전엔 1만 원이었던 시기도 있었을 것이고, 2만 원대인 시기도 있었을 것이다. 한 가지 재밌는 것은 1만 원에 판 사람은 2만 원에 다시 들어오지 않는다는 것이다. 바로 이것이 그 사람이 부자가 되지 못하는 가장 큰 이유이기도 하다. IMF 당시 3만 원에 판 사람은 지금도 삼성전자, 사지 않고 가격만 본다. 1주에 무려 50만 원대(2008년 8월 기준)라니! 휴, 이렇게 한숨만 쉴 뿐이지 결코 다시 매입하려고 하지 않는다.

반면에, 따블맨이나 메이저들의 투자행태는 이와는 전혀 다르다. 가격이 오르더라도 무시하고 매우 공격적으로 산다. 주가가 오르는 대로 쫓아가면서 물량을 최대한 확대한다. 5만 원에도 사고, 10만 원 돌파한 날에도 산다. 특히 이런 날은 더 많이 사는 법이지만, 아무튼 그들은 20만 원에도 샀고, 30만 원에도 샀다. 그러니 지금 5, 60만 원대까지 온 거 아니겠는가. 지금의 모든 대박이라는 열매는 고스란히 따블맨과 메이저들의 몫이 되었다. 리스크를 안고 비싸게 산 그들에게, 이 정도의 보상은 어쩌면 당연한 것이리라.

주식수 논리로 다시 돌아가 보자. 그러면 지금 삼성전자를 갖고 있는 사람은 과거에 비해서 물량 규모가 늘었겠는가, 줄었겠는가? 매수 이후 줄곧 들고 있었다면 모를까, 주식수는 아마도 많이 줄어 있을 것이 분명하다. 그런데 줄어들어도 보유하고 있는 사람은 지금 모두 부자다. IMF 때 2천 주 갖고 있었던 투자자라면 아마도 지금은 1천 주가 안 될 것이다. 그런데 주식수가 줄었다고 과연 그 사람이 더 가난해졌을까? 아니다. 오히려 삼성전자를 팔고 개별 저가주로 옮겨간 투자자들이 오히려 더 가난해져 있을 것이다. 물론 그들은 주식수도 대폭 늘어나 있을 것이다. 내가 말하고자 하는 논리의 핵심은 바로 이것이다.

강한 종목만 쫓아다니다 보면 주식수는 비록 줄겠지만 결국 크게 날아가는 종목들은 다 잡게 된다. 그렇다면 소위 대장주들, 비싼 종목들은 반드시 자기 계좌에 들어가 있다는 결론이 된다. 반면에 이름도 잘 모르는 넷시큐어테크니 IC코퍼레이션이니 하는 저가주들은, 결코 자기 계좌에 들어올 수 없게 될 것이다. 따블맨은 저점이 점차적으로 낮아지는 종목, 서서히 저가주로 변신하고 있는 종목을 결코 하루 이상 보유하지 않을 것이니까.

한편, 따블맨은 현대중공업이니 메가스터디니 미래에셋증권이니 하는, 이런 강한 종목들을 자기 계좌에 반드시 편입하고 있을 것이다. 비록 주식수는 형편없이 감소하겠지만 진짜 큰돈은 이런 종목이 안겨준다. 그렇다. 돈은 이렇게 벌어야 한다. 거듭 말씀드리지만, 작은 이익을 보태고 보태서 크게 부자가 되는 사람은 최소한 주식시장 쪽에서는 없다.

만약 어느 날부터인가 당신의 계좌에 주식수가 늘기 시작했다면,

이건 적색경보로 받아들이고 심각하게 고민해야 한다. 주식수 증가는 하락 시 물타기를 하고 있거나, 강한 종목을 팔고 약한 종목으로 이동하고 있거나, 이 둘 중 하나다. 만약 그렇다면 이런 식의 거래 흐름을 신속하게 바꿔야 한다. 이런 거래를 계속 지속한다면, 당신이 버틸 수 있는 시간은 채 1년이 되지 않을 것이다. 어쩌면 몇 개월 버티지 못하고 깡통을 찰지도 모를 일이다. 과거 2000년대 초, 삼성전자 팔고 현대전자(하이닉스)로 넘어간 격인데, 도대체 얼마나 버틸 수 있겠는가.

**지금 당장, 약한 종목으로의 물량 이동을 멈춰라!
그리고 지금 당장, 당신의 계좌에 강한 종목만 채워라!**

이 글을 읽는 모든 분들한테 한번 물어보고 싶다. 과연 좋은 종목이, 평생 묻어두고 싶은 종목이 언제 자신의 맘에 딱 드는 가격이 된 적이 있었던가? 아마 단 한 번도 없었을 것이다. 분명히 좋은 종목은 매번 비쌌을 것이다. 이는 틀림없다. 5만 원이던 현대중공업, 5만 원도 비싸다고 생각했는데 어느 날 10만 원을 떡하니 뚫고 날아간다. 어떻게 가격 부담을 느끼지 않을 수 있겠는가. 지금 50만 원(2007년 11월 기준)이 되고 보니 그때 5만 원, 10만 원은 정말 거저다 싶은 생각이 드는 것이다. 그리고 그때와 같은 바닥은 두 번 다시 오지 않는다는 걸 알게 되는 것이다. 아, 그때 무조건 따라붙었어야 했는데……! 이런 얘기도 시간이 많이 흐른 후, 과거 가격대를 떠올리면서 하는 말이다.

지금 고가주들, 예를 들어 롯데칠성이나 농심, 남양유업, SK 텔레콤 등등 이런 종목들은 이제 모두 과거의 회상 종목들이 됐다. 이 모든 후회와 아쉬움은 강한 종목 논리로 진작부터 내 계좌에 적극적으로 편입시키지 못한 죄이리라. 지금 이런 종목들은 따블맨의 차지가 되고 만 것이다.

한편, 가격 측면에서 그동안 우리 마음에 딱 맞는 종목, 싸고 만만한 종목들의 말로는 과연 어떠했을까? 낙폭 과대, 혹은 이평선 역배열 종목, 그리고 대바닥 종목 등등 이런 패턴으로 조정을 받고 있는 저가주들을 그동안 개미들이 얼마나 좋아했는지는 잘 알 것이다. 그런데 지금 이런 종목들의 말로는 비참하기 짝이 없다. 상당수의 종목들이 상장폐지가 되거나, 코스닥에서 오백 원, 천 원의 가격대를 형성하고 있다.

그렇다면 떨어지고 있는 이런 종목들을 끝까지 쫓아가면서 물량을 늘렸던 대부분의 우리 '개미투자자들'은 어떻게 되었을까? 물어 볼 것 없이 장렬하게 전사하고, 지금은 시장에서 흔적조차 찾아보기 어렵다. 과거 이런 바닥매수 이론에서 벗어나지 못한 투자자들 대부분이 비참하게 희생되고 만 것이다. 그놈의 저점매수 논리 때문에 말이다.

싼 종목 좋아해서 부자가 된 사람, 필자는 지금까지 보지 못했다. 거듭 강조하지만 '부자가 되기 위한 유일한 방법'은 강한 종목에 대한 배팅에서 찾아야 한다. 부자가 되기 위해선 부자랑 어울려야 하듯이, 대박을 위해선 강한 종목과 어울려 놀아야 한다. 거래량이 평소보다 100% 이상 대량으로 터지면서 저항선을 강하게 뚫는 그런 종목 말이다. 바로 이런 강한 종목에서 따블 종목의 대부분이 탄생하는 법, 우리를 부자로 만들어주는 종목 또한 바로 여기에 있다.

반대 논리로, 역사적 저점을 찍거나 상장폐지가 되는 종목은 오랫동안 횡보하거나 바닥에서 기는 종목군 중에서 몽땅 탄생했다. 결국, 대부분의 개인투자자들이 이런 약한 종목과 어울리면서 서서히 가난해져 간 것이다. '내가 어쩌다 이렇게 되었지?' 그러나 저가주 거래가 잘못은 아닌 만큼 그 원인은 끝까지 알지 못한다.

●●●

　필자가 개인적으로 가장 닮고자 하는 투자자는 '제시 리버모어'이다. 그는 1900년대 초, 월가를 대표하는 최고의 트레이더였다. 당시 순수 트레이딩을 통해 2006년 기준, 우리 돈으로 약 2조 원을 벌었다고 하니 거의 전설 같은 인물이다.

　그의 거래 철학은 한마디로 "강한 놈만 팬다."는 것이다. 아무리 사고 싶은 종목이 있어도 싸면 사지 않는다. 그는 자신이 원하는 가격대를 미리 정해두고 접근한다. 그런데 특이한 점은 자신이 정해둔 가격대가 현 주가보다 항상 비싼 가격대라는 것이다. 정말 이런 아이러니도 없다. 그 가격대까지 도달하면 사고, 미달하면 결코 사지 않겠다는 얘기다. 우리 논리로 봤을 때 모순도 이런 모순이 없다.

　사고 싶은 종목, 어차피 살 거라면 얼마라도 쌀 때 사는 것이 현명한 거 아닌가? 이것이 우리의 상식이다. 그런데 제시 리버모어는 확실히 달랐다. 좋은 종목은 결코 싸지 않다는 논리다. 자신이 정한 가격대 쪽으로 상승할 것이란 얘기다. 좋은 종목은 좋은 흐름으로, 다시 말해 상승 흐름으로 계속 흐른다는 것이다. 지금 80달러 하는 종목이 썩 마음에 들어도 조금 더 기다리는 것이다. "지금 80달러의 종목이 더욱 좋아지기 위해선 분명히 100달러를 넘는 구간이 올 것이다. 매입은 그때 하는 것이다."라는 괴팍한 논리를 펴면서 말이다.

80달러에라도 사고 싶은 유혹이 강했을 것이다. 그는 이런 유혹을 이기기 위해서 아예 휴가를 떠나기도 했다고 한다. 100달러가 되면 돌아와서 사겠다는 그의 의지가 참으로 확고하다. 그러나 현명한 듯 하면서도 한편으로는 무모하다는 생각이 든다. 싸게 사서 비싸게 판다는 우리의 논리로 생각했을 때, 그의 거래 철학은 매우 이해하기 힘들기 때문이다. 그런데 그가 누구인가? 그는 월가 역사상 전업 투자자로서 최고의 이익을 올린 위대한 인물, 주식투자계의 전설이 아닌가. 그렇다면 그는 왜 이런 비상식적인(당시 기준으로 봐서는 더욱 그랬을 것이다.) 거래행위를 반복했던 것일까?

그의 논리는 매우 단순하다. 지금 200달러짜리는, 100달러 과정을 통과한 종목이라는 것이다. 그는 미래의 300달러, 500달러 종목을 사고 싶은 것이고, 그럴 가능성이 가장 높은 종목을 현재 100달러라는 강력한 저항선을 뚫은 종목에서 찾는 것이다. 예를 들면 롯데칠성처럼 100만 원에 이를 종목을, 삼성전자 10만 원 돌파 시점에서 찾는 식이다. 비논리적인 거래 철학인 듯 생각되다가도 과거 역사를 되짚어 보면 그의 논리는 가장 완벽했다는 결론이 나온다. 추측하건대, 증권 역사에 있어서 최초의 따블맨이 있다면, 그는 바로 '제시 리버모어'가 아닐까 싶다.

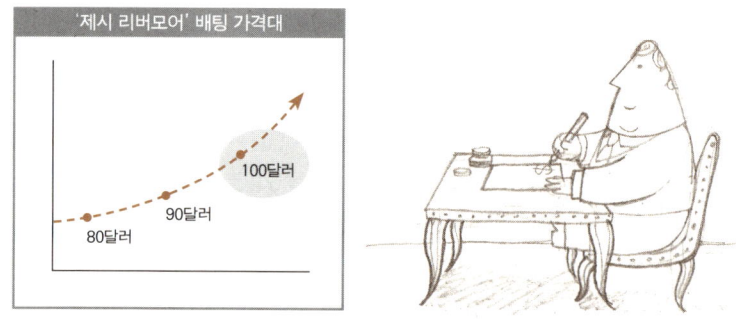

사실, 우리가 미래의 황제주를 미리 예상하고 어디 선점할 수가 있겠는가? 과연 어떤 기준으로 그런 미래의 대장주를 사서 오랫동안 묻어둘 수 있단 말인가? 그런데 의외로 '제시 리버모어'는 이 문제를 너무도 쉽게 풀어버렸다. 순전히 가격논리로 말이다. 앞서 얘기했던 대로 그의 단순한 가격논리는, 현재 강한 종목, 저항 가격라인을 막 돌파한 그런 센 종목만 사두면 미래 대장주는 몽땅 잡을 수 있다는 것이다.

참으로 일리 있는 논리가 아닐 수 없다. 이제 우리도 그의 철학대로 한번 해보는 것이다. 그가 100달러짜리 종목을 잡아서 미래의 1,000달러 종목으로 만들었듯이, 1만 원을 돌파하는 종목을 사고, 10만 원을 돌파하는 강한 종목만 골라서 사자. 마침 직전 고점이 그 가격대 밑에 있다면 이건 정말 금상첨화일 것이다. 단언컨대 이런 종목에서 미래의 삼성전자, 미래의 포스코가 나올 것이 확실하다.

지금에서야 밝히지만 '제시 리버모어' 이론을 커닝해서 과거 몇 번 재미를 본 적이 있다. 가장 기억에 남는 것은 유한양행인데, 2005년 초여름으로 기억된다. 당시 '제시 리버모어' 책을 손에 잡는 순간 난 눈을 뗄 수 없이 단숨에 읽어 내려갔다. 나는 그의 논리에 금방 매료되고 말았다. 그의 책을 밤새 섭렵한 후 그의 논리에 가장 적합한 종목을 찾았는데 그때 포착된 종목이 바로 유한양행이었다.

당시 유한양행은 불과 몇 개월 사이 5만 원대에서 9만 원대로 숨 가쁘게 상승하고 있던 참이었다. 솔직히 가격 부담, 정말 많이 느낄 정도로 이미 급등한 상태였다. 그러나 난 그의 철학에 푹 빠져 있었고, 10만 원 돌파되는 시점에 과감히 따라붙었다. 결과는 예상대로 성공이었다. 단 1주일 만에 30%로 점프, 순식간에 13만 원으로 날아갔으니 말이다. 물론 지금(2008년 8월 기준)은 22만 원대에 있다.

그때 이후 전국 강연회를 돌며 난, 최고의 급등주 이론인 종가 알박기 이론과 함께 '강한 종목'에 대한 개인적 소신과 철학을 피력했고, 지금도 펼치고 있다. 아마도 수만 명 이상, 나의 '강한 종목' 타령을 들었을 것으로 여겨진다.

이번에 필자가 여러 제자들과 함께 개발한 강한 종목 검색 기능인 'Sang 알박기'의 탄생 배경도 사실 여기에 있다. 개인투자자들이 거래해야 할 대부분의 종목은, 오로지 강한 종목으로 국한시키는 것이 무엇보다 필요하다. 그렇다면, 어떤 종목이 강한지 이를 잘 모르는 개인투자자들을 위해 시스템이 아예 자동으로 강한 종목을 선별해 주면 될 것 아닌가 하는 생각이었다. 이건 종목 선정에 서툰 개인투자자들 입장에서 분명 빅뉴스임에 틀림없다. 강한 종목만 잡아주는 검색기라……! 만약 당신이 따블맨을 꿈꾼다면, 'Sang 알박기'는 당신에게 딱 맞는 시스템이 될 것임에 분명하다.

아무튼 품질보증제 같은 시스템, 믿고 거래해도 될 정도로 튼튼한 종목만 검색되는 그런 자동 검색기를 만들고 싶었고, 그렇게 탄생한 것이 'Sang 알박기'인 것이다.

●●●

'추세가 무너진 종목? 거래해서 뭐 하겠어? 아예 시스템에서 잡히지 않게 만들어버리지 뭐. 오늘 거래량 터지면서 음봉이 탄생한 종목? 당분간 매물 압박이 심할 텐데 아예 잡히지 않게 하는 것이 투자자를 도와주는 거겠지? 외국인이, 혹은 기관이 판 종목? 이것도 빼버리자. 꼭 이런 종목 그다음 날 고꾸라지더라. 외국계 창구에서 물량 터지는 종목? 당일 후장에 곧잘 무너지니까 이것도 빼버려야지.'

아무튼 가장 강한 종목만 검색되는 그런 자동 검색기가 반드시 필요하다는 결론에 이른 것이 2007년 여름이었다. 우리는 1,800개 종목 중에서 상위 1% 안에 드는 강한 종목만 잡히는 그런 품질보증제 같은 시스템 개발에 착수했다. 그리고 탄생한 것이 바로 강한 종목 발굴 검색기인 'Sang 알박기'인 것이다. 누구든 따블맨으로 만들어줄 'Sang 알박기'의 놀라운 비밀에 대해선 다음으로 미룬다.

다시 한 번 정리하자면, 당장 내일부터 강한 종목이 아니면 아예 쳐다보지 말아야 한다. 큰 수익을 원하고 따블맨을 원한다면 "떨어지고 있는 종목은 그냥 줘도 싫다."라는 그런 도도한 철학을 가져야 한다.

에너지가 모아지고 시세를 분출하기 시작한 종목, 그런 종목에서 따블이 터지는 법이다.

가열된 자동차만이 고속으로 튀어나갈 수 있듯이, 지금 에너지가 응축되면서 곧장 상승으로 치닫는 그런 종목이 시세를 강하게 뻗는다. 마치 경주용 차가 전방을 향해 곧장 튀어나갈 태세로 으르렁거리는, 그런 형세를 떠올리면서 그와 같은 패턴, 폭발 일보 직전의 종목을 찾아야 한다. 온 정신을 집중하고 당신의 모든 것을 걸어야 한다.

참고로, 1,800개 종목 중에 최소 10종목 이상은 단기적으로 반드시 따블을 가게 된다는 사실을 명심했으면 한다.

묵은 산삼은 설렁설렁 산을 타는 등산객의 몫이 아니다. 온전히 혼을 담아 삼을 캐는 심마니의 몫이다. 당신의 인생을 바꿀 종목인 따블 종목도 이와 마찬가지다. 정성을 쏟고 세밀하게 찾아야만 비로소 당신의 눈에 띌 것이다. 좋은 주식, 따블 주식은 거래량이 서서히 붙기도 할 것이고, 때로는 양봉이 연속해서 옆으로 모이기도 할 것이다. 일봉 차트는 마치 단풍이 물든 것처럼 온통 붉기도 하고, 모든 이평선들이 동시에 머리를 들기도 할 것이다. 강한 종목, 당신의 인생을 바꿀 종목은 어떤 식이든 반드시 징후를 줄 것이다.

결론적으로, 강한 종목의 최종 정의를 이렇게 내리고 싶다.

강한 종목은, 저항 매물대를 뚫고
강하게 양봉을 뽑는 종목이다.
강한 종목은, 따블을 향해 계단식으로
저점을 높이는 종목이다.
강한 종목은, 이미 당신한테 크게
이익을 주고 있는 종목이다.

3장

'강한 종목 급소 구간'을 노려라!
완벽한 찬스에서 승부를 결정하라

필자는 2년여 전, 전작《부자들의 배팅투자법》에서 '과녁이론'을 거론한 적이 있다. '과녁이론'은, 서툰 사냥꾼은 목표물을 따라 과녁을 움직이고, 노련한 사냥꾼은 목표물이 과녁으로 들어올 때까지 참고 기다린다는 이론이다. 완벽한 사냥을 위해서는, 짐승이 지나갈 만한 길목에 과녁을 고정하고 기다리는 것이 최선이다. 시간과 공포와의 싸움을 극복하며 우직하게 길목 지키기를 하는 것이 최상의 방책이다. 특히 대상 목표물이 곰이나 늑대처럼 실수가 결코 용납되지 않는 맹수일 경우 더욱 그렇다.

과녁이론은, 노련한 사냥꾼이 극도의 참을성을 통해 자신에게 유리한 게임을 하듯이 유능한 트레이더 또한 끈기를 갖고 **자신한테 유리한 게임만 하라**는 그런 메시지를 담은 필자의 이론이다.

과녁이론의 모티브는 제2차 세계대전을 배경으로 한 '에너미 앳 더 게이트(Enermy at the Gates)'라는 영화에서 따왔다. 영화는 훗날 전설적인 저격수가 된 주인공의 어린 시절 사냥 장면으로부터 시작된다.

첫 장면을 보면, 혹한의 날씨 속에 누더기 옷의 소년과 노인이 눈밭에 죽은 듯 엎드려 있다. 소년은 총구를 숲 속 한 곳에 겨냥한 채, 죽은 듯 꼼짝도 하지 않는다. 손에 칭칭 감은 더러운 헝겊이 나오고 과녁 저편으로 무시무시한 늑대 한 마리가 천천히 모습을 드러낸다. 이때 독백처럼 소년의 음성이 들려온다. "나는 돌이다. 나는 돌이다. 꼼짝도 하지 않는 돌이다." 어린 소년은 두려움에 사로잡혀 있지만 두려움을 억누르고 목표물이 과녁으로 들어오기만을 기다린다. 이때 소년 옆에서 소년의 할아버지로 보이는 노인이 나지막이 속삭인다.

"총알은 하나뿐이다. 단 한 번의 기회뿐이다. 정확히 과녁에 들어오면 이마를 조준해서 단 한 번에 명중시켜야 한다."
이때 인기척을 느낀 늑대는 그들 쪽으로 몸을 틀고, 이어서 한 방의 총성이 울리면서 영화는 그렇게 시작된다.

영화에서 어린 사냥꾼은 **목표물이 과녁으로 들어올 때까지** 돌처럼 미동도 없이 **기다렸다.** 단 한 번의 기회를 날려버리지 않기 위해서, **완벽한 찬스에서 승부를 결정하기 위해서.** 노련한 사냥꾼은 이처럼 실수를 최소화하기 위해 엄청난 인내력을 발휘한다.

성공적인 거래의 기본은 실수 줄이기다. 실수를 줄이는 최선의 방법은 무엇일까? 늑대 사냥꾼은 '길목 지키기'를 통해 실수를 줄였다. 과녁을 고정한 채 늑대가 과녁 안으로 들어올 때까지 그 고통의 시간을 참아낸 것이다. 그렇다면 따블맨이 되기 위한 트레이딩도 같은 맥락에서 접근하면 되지 않을까? 길목 지키기! 그렇다. 해답은 바로 길목 지키기에 있다. 완벽한 구간에서 자신에게 유리한 거래만 하면 되는 것이다.

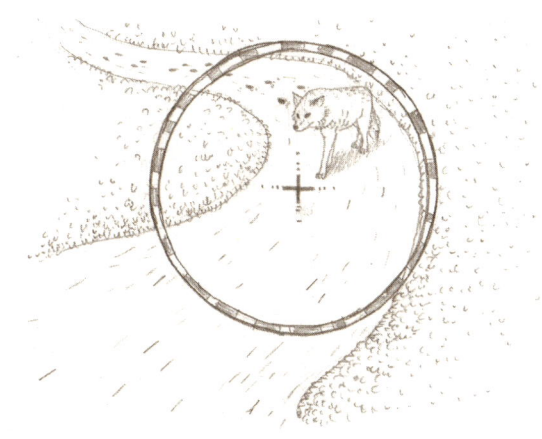

영화에서 보면, 어린 사냥꾼은 과녁을 결코 이동시키지 않았다. 늑대가 지나가는 길목만 노릴 뿐이다. 목표물이 자신이 정한 과녁에 들어올 때까지 스스로 "나는 돌이다."를 외치며 참고 또 참았다. 유리한 상황에서만 거래해야 할 예비 따블맨으로서, 정말 주목해야 할 대목이 아닐 수 없다. **우리의 단기 목적은 따블맨이 되는 것이다.** 그런데 따블맨이 되기가 그리 호락호락하겠는가. 따블맨은 행운으로 만들어지는 것이 아니다. 실수를 최소화한 투자자한테서 탄생하는 것이 따블맨이다. 그렇다면 실수를 최소화하기 위해서 우리는 어떤 규칙을 따를 것이며, 또 어떤 종목을 다뤄야 할 것인가?

수급에서 하나의 법칙이 있다. 떨어지고 있는 종목은 하락 쪽으로 에너지가 강해지는 법이며, 반면에 올라가고 있는 종목은 상승 쪽으로 에너지가 확대되는 법이다. 이 법칙은 세월에 상관없이 오랫동안 유지되어 왔다. 이건 **수급의 절대 법칙이다.**
그런데 우리가 저지르는 실수 중 가장 큰 것이 뭔지 아는가? 앞서 누차 강조했듯이 약한 종목에 자꾸 손이 간다는 것이다. 하락 에너지가 확대될 것이 뻔한 종목에 말이다. 그렇다면 실수를 예방하는 비결도 이미 답이 나왔다. 그렇다. 실수를 최소화하기 위해서는, 가장 강한 종목만 집중적으로 다루면 된다.

그런데 문제는 강한 종목의 범위이다. 도대체 어떤 종목, 어떤 구간에 있는 종목이 강한 종목인지 명확한 기준이 있어야 하는 것이다. 그래야 길목 지키기를 해도 할 것이 아니겠는가. 자, 그러면 지금부터 강한 종목의 기준, 정확한 급소 구간에 대해서 찾아보도록 하자.

가장 먼저, 강한 종목이 되기 위해선 반드시 통과해야 하는 가격대가 있다. 따블맨이 되기 위해서 우리가 해야 할 일은 그 의미 있는 가격대에서 길목 지키기를 하는 것이다. 가장 강력한 저항 가격대인 1만 원, 10만 원…… 이렇게 딱딱 끊어지는 가격대(RP: Round Price)를 넘긴 종목을 길목에서 낚아채는 그런 전략이다. 앞서 말했던 제시 리버모어의 철학을 생각하면 쉽다. 그의 핵심 논리는 좋은 종목은 결코 싸지 않으며, 상승 흐름으로 계속 흐르려는 경향이 있다는 것이다. 다시 말해 현재 강력한 가격대인 100달러, 그 고비를 넘고 있는 종목에서 미래의 대장주가 탄생한다는 것이 그의 논리이다.

미래의 500달러, 1,000달러를 돌파할 고가주는 현재 100달러라는 강력한 저항 가격대를 뚫은 종목에서 탄생한다. '제시 리버모어'는 이

점에 주목했고, 실제 저항 가격대를 돌파한 구간의 종목만 집중적으로 거래했다. 그리곤 엄청난 부를 축적했다.

역사적으로 보아도 저항 가격라인인 1만 원, 10만 원 등을 강하게 돌파한 그런 종목에서 현재의 대장주가 모두 탄생했다. 과거 롯데와 삼성전자가 그랬고, 최근에 메가스터디나 미래에셋증권이 그랬다. 앞서 얘기했듯이 우리가 무슨 선견지명이 있어 미래의 황제주를 미리 선점할 수 있겠는가? 현재 가장 의미 있는 가격대를 통과한 종목을 노리는 RP거래전략 이외에 말이다.

이렇듯 1만 원과 10만 원이라는 RP가격대를 막 돌파한 종목, 혹은 RP가격대에 거의 임박한 종목을 노리는 전략은 일견 단순한 듯하다. 하지만, 이런 단순한 전략 이상의 확실한 전략 또한 없다는 것이 필자의 판단이다. 해서 필자는, 9,000원~11,000원, 90,000~110,000원 대 RP가격에 걸쳐 있는 종목은 항상 관심종목에 등록하고 감시를 소홀히 하지 않는다. 수급적으로나 심리적으로 가장 매물이 많이 쌓여 있고, 또한 현재 가장 치열한 전투가 벌어지고 있는 종목이 바로 이들이 아닌가. 언제든 대규모 거래량이 동반되면서 뚫릴 가능성이 크고, 그럴 경우 주가가 한 단계 레벨업이 될 공산이 가장 큰 구간이 바로 RP가격대인 것이다.

그렇다면 RP가격대가 돌파된 이후 주가의 추세 방향이 과연 상승 쪽으로 진행될 공산이 큰지 궁금하다. 필자의 10여 년간 경험(IMF라는 특수한 구간은 제외)과 지난 3년간 전 종목의 차트를 면밀히 분석한 결과는 다음과 같다.

단기적으로, 1만 원이라는 의미 있는 가격대를 돌파한 종목이 2만 원에 도달할 확률은, 1만 원을 돌파한 종목이 5천 원으로 재차 하락할 확률에 비해 **최소한 두 배**는 높다.

중장기적으로, 10만 원이라는 강력한 저항 가격대를 돌파한 종목이 20만 원에 도달할 확률은, 10만 원 돌파하고 다시 5만 원으로 떨어질 확률에 비해 **최소 세 배**는 높다.

그렇다면, 따블맨이 되기 위해서 첫 번째 노려야 할 급소 구간은 이제 나왔다. 바로 1만 원이나 10만 원과 같은 RP가격대를 막 돌파한 종목을 적극적으로 따라붙는 전략이다. RP가격대를 통과하고 있는 종목은 가장 치열한 매물 구간을 돌파한 종목이다. 그런 만큼 하락 가능성에 비해 상승 가능성이 2~4배 정도 높다고 했다. 이런 종목을 노리는 것이 진정한 따블맨의 자세가 아니고 무엇이겠는가.

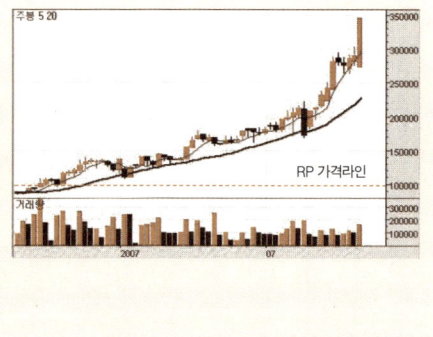

메가스터디(주봉)

경험적으로,
1만원 RP 가격을 통과한 종목은, 재차 5천 원으로 떨어질 확률에 비해 2만 원에 도달할 확률이 최소한 두 배는 높다.
10만 원 RP 가격을 통과한 종목은, 재차 5만 원으로 떨어질 확률에 비해 20만 원에 도달할 확률이 최소한 세 배는 높다.

메가스터디!
2007년 7월, 손주은 사장은 '밑빠진 독'에 물 붓기라던 온라인 비즈니스 모델을 불과 7년 만에 온라인 교육시장의 절대 강자로 우뚝 세우며 시가총액 2조, 주당 30만 원의 황제주로 만들었다. 만약, RP 가격대인 10만 원을 통과하는 자리에서 과감하게 따라붙었다면 당신의 인생은 180도 달라지지 않았을까?

참고로, RP가격대를 막 통과한 종목은 일시적으로 RP가격대 밑으로 재차 떨어질 가능성이 높다. 이에 대한 해결책은 간단하다. RP가격대를 두 번째 돌파하는 시점, 이때를 적극 공략하면 된다.

그다음, 강한 종목의 급소 구간을 알아보자.

모든 종목은 따블 종목이 되기 위해서 반드시 상승 초입을 통과하는 구간, 즉 '맥점'이 분명히 있게 마련이다. 마치 맹수들이 항상 이용하는 길목만 골라서 통과하듯이 강한 종목은 반드시 지나가는, 그런 급소 구간이 분명 있다는 말이다. 나는 이를 '차트 급소 구간'이라고 표현한다.

이 글을 읽는 독자 분들은 먼저, 이런 구간의 탄생이 반드시 나타난다는 사실에 100% 신뢰해야 한다. 이런 차트 급소 탄생을 인정하는 자세는 당신이 앞으로 따블맨이 되는 데 있어 매우 중요하다. 차트 급소의 존재를 신뢰하고 있는 당신은, 급소 구간을 통과하는 종목을 찾기 위해서 아마도 잠을 포기한 채 1,800개 종목을 샅샅이 살필 것이 분명하니까 말이다.

∴

차트 급소는 강한 종목에게만 탄생하는 법이다. 밋밋하게 횡보하는 종목, 혹은 고점을 찍고 대규모 물량이 터지는 그런 종목은 차트 급소가 결코 탄생할 수 없다. 그뿐만 아니라 역배열 상태에서 끊임없이 하락하고 있는 종목에서 어떻게 차트 급소가 탄생할 수 있겠는가? 반면에 강하게 날아가는 종목은 최소한 두세 차례 차트 급소가 탄생한다. 차트 급소 구간을 통과하지 않고 절대 탄생할 수 없는 것이 따블 종목인 것이다.

우리는 총구를 들이댄 채 목표물의 길목을 지키는 사냥꾼이 되어야 한다. 같은 맥락에서, 강한 종목이 통과하는 그런 차트 급소 구간의 종목을 집중해서 노려야 한다. 이것만이 우리가 따블맨이 될 수 있는 거의 유일한 방법이다. 자, 그러면 지금부터 강한 종목의 두 번째 급소 구간에 대해서 하나씩 짚어보자.

일단, 차트 급소를 세부적으로 배우기 전에 강한 종목의 급소 구간에 대한 법칙을 알아야 한다. 그것은 앞서 말했듯이, 강한 종목의 급소 구간 모두가 강력한 저항 가격대에 있다는 사실이다. 다시 말해, 급소는 강력한 매물대가 포진된 곳에서만 탄생한다는 것이다. 이곳을 통과해야만, 즉 매물 소화를 100% 완료해야만 비로소 강한 종목이 된다는 것이다.

그렇다면 강력한 저항대가 어디에 있는지 그것만 밝히면 될 터이다. 매물벽이 가장 두터운 곳이 과연 어디인가? 이건 뻔하지 않겠는가! 매물대가 많이 포진한 곳이라면 가장 먼저 이평선을 머릿속에 떠올리면 된다. 특히 상승 길목에서 첫 번째 마주치는 강력한 매물선, 바로 20일 이평선이 된다.

'20일 이평선'은 모든 투자자들이 주목하고 감시하는 이평선으로 흔히 생명선이라고 표현되기도 한다. 절대 다수가 지켜보는 만큼 20일선은 막강한 기준이 된다. 수많은 투자자들이 이를 기준으로 삼으면서, 뚫으려는 노력과 지키려는 노력이 항상 맞부딪치게 된다. 당연히 엄청난 거래량이 수반된다. 이렇듯 20일 이평선은 심리와 수급이 동시에 교차하는 최고의 맥점이 된다.

그렇다. **강한 종목의 첫 번째 관문이자 첫 번째 차트 급소는 바로 20일선 돌파 시점**이 된다. 여기를 뚫어야 비로소 강한 종목의 대열에 들 수 있는 것이며 따블의 첫 관문을 통과하게 되는 것이다. 강력한 저항 매물대가 포진한 20일선, 치열한 전쟁 끝에 매수세에 의해 매도세를 완전히 극복하면 이제 매물은 자취를 감추게 될 것이다. 더 이상 단기 매물이 없는데 누가 팔겠는가? 그토록 강력한 매물대를 극복했는데 말이다.

● ● ●

이제 20일선 급소 구간을 통과하지 않고 강한 종목, 혹은 따블 종목은 결코 탄생할 수 없다는 의견에 일부분 동의할 것으로 믿는다. 그런데 문제는 이 급소 구간을 통과하는 데 있어서 얼마만큼의 에너지가 동원되었는가 하는 것이다.

이렇게 생각해보자. 만약, 매물 소화가 아니라 매물 자체가 없는 무늬만 20일선이라면? 혹은 시장상황이 돌연 호전되면서 모든 종목이 20일선을 동시에 돌파하는 그런 시점에 있다면? 그럴 경우, 설령 돌파에 성공했을지라도 매수세의 폭발적인 응집은 없다. 그렇다면 이것이 수급적으로 무슨 의미를 가질 수 있겠는가!

20일선은 심리와 수급이 교차하는 가장 강력한 매물선이라고 했다. 이는 매물 소화 없이 결코 완벽한 돌파를 보장받을 수 없다는 이야기가 된다. 그러면 매물 소화를 위해서는 무엇이 필요한가? 그렇다. 매물 소화에는 폭발적인 거래량이 필연적으로 뒤따를 수밖에 없다. 주 매물벽을 통과하는 데 얼마나 많은 에너지가 소모될지 충분히 짐작되는 대목이 아니겠는가.

짐작하건대, 20일선에 받쳐진 물량을 몽땅 소화하기 위해선 평소 거래량의 최소 50% 이상, 최대 200% 정도의 그런 폭발적인 에너지가 필요할 것으로 판단된다.

결론적으로 강한 종목 급소 구간에 대한 첫 번째 정의는 다음과 같다.

'20일선 돌파 구간에 탄생한, 거래량이 급증한 강한 양봉!'

난 지금도 20일선을 관통한 강한 양봉(몸통 4% 이상, 전일 몸통 〈 금일 몸통)을 보면 가슴이 뛰곤 한다. 특히 거래량이 평소의 따블 정도로 크게 터진, 그런 양봉이 20일선에 떡하니 걸쳐져 있으면 가슴이 마구 뛴다. 내일부터 당장 날아갈 것 같아 조바심이 다 날 정도다. '빨리 잡아야지!' 그러니 이런 종목을 보고 필자가 종가 매수에 들어가는 것은 당연하지 않겠는가. 매물 소화를 마친 완벽한 급소 패턴의 탄생인데 말이다.

실전에서, 어설픈 차트 패턴이나 혹은 불확실한 재료를 믿고 따라가 봐야 허탕인 경우가 대부분이다. 아주 간혹 먹기도 하지만 대부분 별로 먹을 게 없는 쭉정이에 불과하다. 종목 접근은 철저하게 수급에 기초해야 한다. 강한 종목의 급소 구간은 지금껏 얘기한 대로 강력한 매물대를 소화한 종목, 에너지가 강력하게 응축된 그런 종목으로 국한해야 한다.

● ● ●

　강한 종목의 차트 급소 패턴 그 첫 번째는, 앞서 얘기했듯이 20일선을 강력하게 돌파한 종목이라고 했다. 거래량이 튼튼하게 받쳐주면서 종가 기준, 20일선에 포진한 매물을 완벽히 소화한 바로 그런 종목이 따블의 길목에 있는 첫 급소 종목인 것이다. 사실, 실전투자는 단순한 거래전략이 먹힌다. 단순한 거래전략을 반복해서 적용하는 것이 돈을 버는 데 있어 최고의 성공공식이다. 그렇게 보면, 다양한 거래 기준을 적용하기보다는, 앞으로 20일선을 강하게 돌파한 패턴의 종목만 집중적으로 다루는 것도 결코 나쁘지 않은 거래전략이라 판단된다.

　아무튼, 따블맨이 되는 지름길이 여러 가지 있겠지만, 20일선 급소 구간을 통과하는 종목, 강한 양봉이 20일선에 걸쳐 있는 종목, 이것 하나만 선택적으로 공략하는 것도 매우 효과적인 전략이 된다.
　그런데 한 가지 문제가 있다. 20일선 돌파 구간에 있다고 해서 차트 급소가 모두 탄생했다고 볼 수 있느냐 하는 문제다. 20일선 골든크로스에 임박했거나, 돌파에 성공한 종목의 수는 의외로 많은 편이다. 그런 만큼 엄격한 기준을 적용, 20일선 돌파 종목 중에서 다시 그 수를 줄이는 작업이 필요하다. 즉, 최종적인 필터링 과정을 통해서 최상의 차트 급소를 다시 한 번 압축해야 한다는 얘기다. 필터링 조건은 대략 3가지이다.

먼저, 최상의 20일선 돌파 종목은 앞서 얘기했듯이 **거래량 급증이 동반된 종목으로 압축**해야 한다. 차트 급소의 탄생 여부는 에너지가 터진 양봉이냐 아니냐에 달려 있다고 봐도 무방할 정도로 에너지 폭발은 차트 급소에서 절대적이다. 이는 시장상황이 좋아서 자연스럽게 생긴 돌파가 아니라 누군가의 대규모 물량에 의해서, 즉 폭발적인 수급 구조의 호전으로 인해서 20일선이 강하게 관통되어야 한다. 이것이 매물벽 돌파의 핵심이다.

참고로, 거래량이 감소한 상태의 20일선 돌파 종목은 매물 소화가 전혀 이루어지지 않은, 소위 '가짜 돌파 종목'일 공산이 크다. 이런 종목은 시장상황이 악화되면 '장대 음봉', 이거 맞고 맥없이 급락하게 되는데, 실전에서 종종 관찰된다. 20일선 골든크로스에 성공한 종목이 익일 장대 음봉 맞고 무너졌다고 한번 생각해보라. 이평선 돌파를 확인하고 들어간 투자자들 입장에서 보면 정말 허탈하기 짝이 없는 상황이다. 최소한 우린 이런 경우를 피해서 가야 한다. 그런데 이건 크게 어렵지 않다. 거래량이 터진 '진짜 돌파 종목'만 찾으면 되니까 말이다.

거래량 증가의 대략적인 기준을 정하면, 최근 5일간 거래량이 평균 거래량 대비 점증(50~100% 사이)하고 금일 거래량은 평소 거래량의 100% 정도 급증해야 한다. 이런 기준, '20일 이평선 돌파＋거래량 급증' 패턴이 강한 종목의 첫 번째 차트 급소로서, 20일선 돌파 종목의 핵심 기준이 된다.

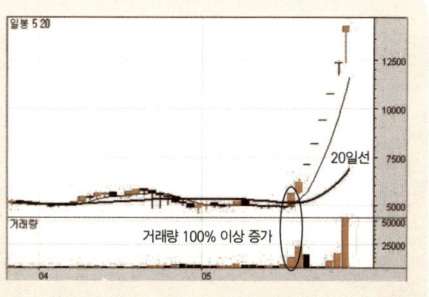

성원건설(일봉)

20일선은 심리와 수급이 교차하는 강력한 매물벽이다. 20일선은 따블 종목이 되기 위해서 첫 번째 맞는 관문으로서 돌파 시점이 최고의 차트 급소가 된다. 이때 완벽한 매물 소화를 위해서 100~200% 정도의 폭발적인 에너지, 즉 거래량이 수반되어야 한다. 장 종료 무렵, 최소한 '거래량 급증 + 20일선 돌파' 종목은 결코 놓치지 않아야 한다.
2007년 5월 21일, 성원건설은 아랍에미리트 두바이 재개발 사업 참여설로 상한가 12방 포함, 무려 700% 폭등했다. 그런데 주목해야 할 점은, 공사수주 공시 이틀 전에 이미 거래량 급증하면서 20일선 돌파에 성공했다는 사실이다. 이렇듯 모든 종목의 재료 노출은 필연적이다. 따블맨은 호재 공시에 앞서 이런 급소 구간을 놓치지 않아야 한다.

그다음은 돌파 시점의 주가와 20일선 이격이다. 최상의 20일선 돌파 종목은, 현재 주가가 20일선에 거의 임박했거나 살짝 돌파한 패턴에서 찾아야 한다. 현재 캔들과 이평선 사이는 딱 밀착해 있어 익일 어떠한 캔들도 그 사이를 비집고 들어오지 않는 것이 최상이다. 다시 말해서, **장대 양봉이 20일선에 떡 걸쳐져 있는 패턴**이 가장 이상적이라고 생각하면 된다. 이미 매물 소화가 완료되었다면 20일선 사이에 미적거릴 이유가 없는 것이다. 매물 소화가 거의 완료되었음을 우리는 밀착 패턴에서 읽어야 하는 것이다.

그러면 20일선과 이격에 대한 개략적인 기준을 정할 필요가 있겠다. 일단 현재 주가는 20일선을 살짝 넘어서는 것이 가장 이상적이지만 돌파에 임박한 상황도 나쁘지 않다. 만약 -3% 이내에 바짝 다가선 강한 양봉은 매물 소화를 완료했다고 판단하는 것이 맞다. 반면에 이미 20일선 돌파 이후 상승 폭이 크다면 익일은 이익 실현 물량, 즉 음봉이 탄생할 공산이 크다. 20일선 돌파 이후 10% 이상의 장대 양봉이 탄생하면, 익일 장대 음봉을 곧잘 맞는데 그 이유가 바로 여기에 있다.

∙ ∙ ∙

  월척은 수초지대를 끼고 회유한다. 월척은 수초지대를 살짝살짝 넘나들면서 먹이 활동을 한다. 수초지대는 조심성 많은 월척한테는 최고의 안전지대이다. 수초를 벗어나게 되면 위험 구간인 것을 그들도 인지하고 있다. 그래서 대물을 잡기 위해 월척 조사들은 미끼를 최대한 수초지대에 붙인다.

  주식도 이와 같다. 미끼를 최대한 수초에 붙여야 대물을 잡을 수 있듯이, 강한 종목을 잡기 위해선 20일선에 최대한 밀착한 종목을 노리는 것이 효과적이다. 월척은 수초라는 안전지대를 공략해야 잡는다. 강한 종목은 안전한 구간에서 막 머리를 드는 종목을 공략해야 한다. 바로 이평선에 밀착한 종목 말이다.

  결론적으로, 익일 개장과 동시에 주가는 20일선을 훌쩍 넘어서는 것이 가장 이상적이다. 그렇게 보면 **이격의 절대 기준은 20일선과 최소 -3%에서 최대 +5% 사이에 밀착해 있는 강한 양봉**이면 더없이 적당하다. 물론 첫 번째 조건인 거래량 급증은 필수요소다.

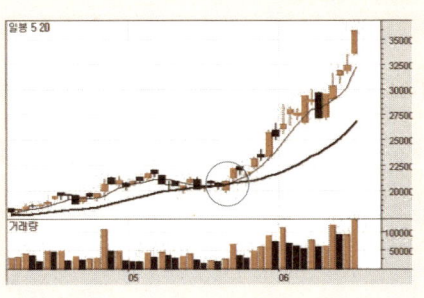

대우증권(일봉)

20일선 돌파 구간에 밀착한 양봉을 노려라!
20일선은 강력한 매물벽이다. 20일선 돌파는 따블 종목이 되는 데 있어 가장 중요한 관문을 통과한 것이다. 이때 양봉 캔들과 이평선과의 이격 절대 기준은 -3% ~ +5%, 최상의 이격은 이평선에 딱 걸려 있는 밀착 패턴이다.

2007년 5월, 대우증권은 이평선과 캔들 사이에 어떠한 캔들도 들어올 수 없도록 돌파 양봉이 이평선에 완벽하게 걸쳐져 있다. 바로 이렇게 딱 맞닿아 있는 종목은 익일 개장과 동시에 20일선을 지지력으로 삼으면서 본격적으로 상승하게 된다.

마지막으로, 최상의 20일선 돌파 종목은 20일선 각도에 있다. 20일 이평선 돌파 종목은 최근에 최소 1개월 이상 하락 추세가 진행되었던 종목이 대부분이다. 그런 만큼 이평선의 하락 각도를 반드시 주목해야 한다. 결론은 이렇다.

'20일 이평선의 하락 각도는 완만해야 하며 결코 급격해서는 안 된다.'

만약 현 주가에 비해 최근 고점이 제법 높은 곳에 위치해 있다면, 다시 말해 최근 급락 폭이 컸다면, 20일선 하락 각도는 매우 날카로울 것이다. 이는 매물 소화가 거의 이루어지지 않았음을 의미하게 된다. 즉 현재의 20일선 돌파는 매물 소화 과정 없이 낙폭 과대에 따른 단기 반등일 공산이 매우 높다는 것을 의미한다. 낙폭 과대에 따른 자율 반등, 이는 본격적으로 매물 출회가 나타났을 때, 주가는 재차 하락한다는 것이 필자의 오랜 경험이다.

20일선의 하락 각도가 날카롭다는 것은 매물 소화 기간이 절대 부족하다는 것을 의미한다. 우리는 20일선 하락 각도가 완만해질 때까지 좀 더 기다려야 한다.

매물 소화는 단순히 거래량만 받쳐준다고 해결되는 것은 아니다. 완벽한 매물 소화는 충분한 기간이 거래량과 함께 동반되어야 한다. 악성 매물은 기간 조정을 거치면서 서서히 걷히는 법! 20일 이평선이 완만해지면서 옆으로 돌아눕는 과정이 반드시 뒤따라야 진정한 매물 소화가 이루어지는 것이다. 바닥권에서 지속적인 매물 소화 기간을 거친 후 더 이상의 매물 출회가 없을 때, 돌파는 자연스럽게 이루어진다.

20일선의 완벽한 돌파를 위해서는 충분한 매물 소화 과정에 절대적으로 필요한, '20일선 두드리기'가 수차례 시도되어야 한다. 20일선 돌파 시도가 몇 차례 진행되면서 악성 매물이 상당 부분 소화되어야 한다. 이때 나타나는 징후가 바로 20일선 각도의 완만한 터닝인 것이다. 이는 20일선 돌파 종목에 있어 거래량 급증과 함께 가장 중요한 포인트가 된다.

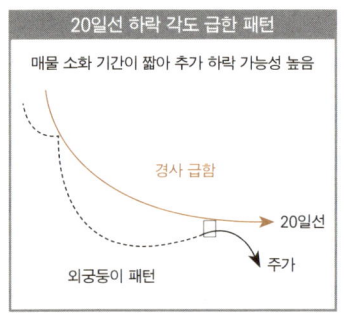
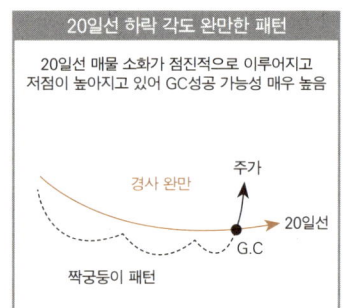

이렇게 완벽한 패턴, 즉 완만한 각도의 20일 이평선을, 거래량이 붙으면서 강한 양봉으로 돌파하는 패턴의 종목에서 바로 따블 종목이 탄생하는 법이다. 단순한 듯 보이는 이런 거래전략, 이것이 당신을 따블맨으로 만들어 줄 확실한 비밀병기인 것이다.

자, 다음은 두 번째 강한 종목의 급소 구간을 살펴볼 차례다.

앞서 첫 번째 강한 종목의 급소 구간은 **20일선 강한 돌파**라고 했다. 강한 종목이 되기 위해 주가가 반드시 거쳐야 할 첫 번째 시련이 20일선(강력한 저항선)이라는 의미이다. 그렇다면 강한 종목, 따블 종목이 탄생하기 위해 겪어야 할 두 번째 시련은 과연 어떤 구간일까?

앞서 강한 종목에 대한 법칙이 있다고 했다. 그것은 강한 종목의 급소 구간 모두가 강력한 저항 가격대에 있다는 것이다. 그러면 급소는 바로 이런 강력한 매물대가 포진한 가격대가 돌파되면서 탄생하게 되는 것이 아니겠는가. 주 매물벽의 완전한 소화, 강한 종목의 급소는 바로 이 자리인 것이다.

이제 두 번째 매물벽을 찾을 차례다. 앞서 첫 번째 매물벽은 20일선이라고 했다. 그렇다면 첫 번째 매물벽을 뚫은 후 만나게 되는 두 번째 매물벽은 과연 어디일까? 강한 종목의 마지막 급소는 이것만 찾으면 된다. 일단 두 가지가 떠오른다.

가장 먼저, 두 번째 매물벽은 '직전 고점'을 생각해볼 수 있다. 어떤 종목이든 가격 조정 없이 스트레이트로 상승할 수는 없다. 반드시 눌림목을 주면서 점진적으로 상승하게 마련이다. 다시 말해 따블 종목은 이익 실현하려는 매도 물량을 대기 매수세가 모두 먹으면서 저점과 고점을 계단식으로 높이면서 탄생한다. 이는 상승하는 종목은 고점, 즉 단기 상투를 반드시 만들면서 갈 수밖에 없다는 얘기가 된다.

단기 상투가 무엇인가? 이익 실현 물량이 쏟아지면서 뒤늦게 뛰어든 매수세가 꼼짝없이 물린 지점이 아닌가. 단기 상투는, 어떤 종목이든 물린 사람들 입장에서 매우 고통스러운 가격대가 된다. 실전에서 날아가는 종목을 잡았다가 된통 물려서 고통을 겪었던 경험은 투자자라면 적어도 한 번씩은 있었을 것이다. 그만큼 단기 상투는 피해갈 수 없는 지뢰다.

그런데 막상 단기 고점에서 물리면, 2차 상승을 위해 당연한 조정으로 간주하는, 그런 열린 사고를 갖는 투자자는 소수에 불과하다. 대부분은 '아차, 잘못 잡았네!' 하면서 심리적 공포에 빠지게 된다. 저항선은 바로 이런 심리들이 모여서 만들어진다. 단기 상투는 투자자를 가장 불안한 심리상태로 몰아넣는 것이다. '에이, 이놈의 주식, 본전 가격대에 다시 한 번만 회복해라. 내 그러면 당장 팔아버릴 테니까!' 이런 심리들이 모여서 '직전 고점'은 강력한 저항선, 바로 강력한 매물벽이 형성되는 것이다.

수급적으로나 심리적으로, 가장 강력한 매물벽은 단기 상투, 즉 '직전 고점'이 된다.

이제 문제는 직전 고점의 위치이다. 직전 고점, 즉 매물벽의 위치가 상승 초입이냐 상승 끝물이냐에 따라 급소의 탄생 여부는 전혀 달라진다. 결론을 말씀드리면, 강한 종목의 급소는 상승 초입으로 잡는 것이 훨씬 유리하다. 물론 신고가를 갱신하면서 정말 강하게 날아가는 종목이 때로는 유리한 경우도 있다. 그러나 이미 급등한 상태의 종목을 급소로 규정하기엔 리스크가 너무 크지 않겠는가.

가장 이상적인 급소는, 20일선 돌파 이후 만나게 되는 첫 전고점이 된다. 이 구간이 상승 초입이면서 바로 두 번째 강력한 매물벽이 되는 것이다. 따블 종목이 되기 위해서, 두 번째 관문이자 사실상 마지막 관문이 바로 이 자리인 것이다. 다시 말해 20일선 눌림목 성공 이후 2차 상승하면서 부딪치게 되는 전고점 매물벽이 최종 관문이라는 얘기다. '엘리어트 파동(Elliott Wave Principle)'으로 비교했을 때, 가장 강력하다는 3파의 시작점이기도 하다. 여기를 뚫어야 한다.

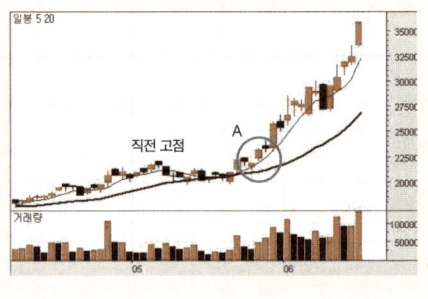

동양제철화학(일봉)
수급적으로나 심리적으로 강력한 매물벽 두 번째는, 단기 상투, 즉 직전 고점이다. 특히 20일선 돌파 이후(이격 15% 미만) 생긴 첫 전고점은 따블 종목의 거의 마지막 관문으로 보면 된다. 물론 계단식 상승주의 경우, 끊임없이 직전 고점이 탄생하지만 상승 초입 구간인 첫 전고점에 비해 상대적으로 리스크가 큰 편이다.

동 사는, 자회사 지분가치+태양전지 원료(폴리실리콘) 장기공급 계약 등이 시장 테마와 맞물리면서 6개월 만에 30만 원(600%)을 돌파하게 된다. 결과론이지만, 거래량 터지면서 직전 고점을 돌파하는 A 시점이 따블맨 급소자리였다.

20일선 골든크로스 이후 첫 전고점은, 앞서 거론했던 '과녁이론'에 가장 부합하는 길목이기도 하다. 따블 종목이 되기 위해서 반드시 거쳐 가는 최종 길목이 바로 이 지점이다. 그렇다면 결코 놓쳐서는 안 되는 것 아닌가? 따블맨이 되기 위해서, 우리는 이 급소 지점에서 무조건 '길목 지키기'를 해야 한다.

따블 종목이 되기 위해서 주가는 마지막 관문이자 매물벽인 이 지점(직전 고점)을 강력하게 돌파해야 한다. 주가는 절대 매물벽을 앞에 두고 옆으로 기어서는 곤란하다. 이건 매물벽을 한층 두텁게 만드는 꼴이 되니까 말이다. 옆으로 횡보하는 기간에 비례해서 돌파될 가능성은 점차적으로 낮아진다. 강력하게 그리고 단숨에, 최대한 짧은 시간에 최종 매물벽을 뛰어넘어야 따블 종목은 탄생한다.

직전 고점 가격대, 즉 최종 매물대는 기회이기도 하지만 한편 돌아올 수 없는 지뢰밭이기도 하다. 아직 배팅 구간은 아닌 것이다. 지뢰밭을 가볍게 넘은 이후에 강한 종목이 탄생하는 것이고, 배팅 시점 또한 그제야 완성되는 것이다. 수급적으로 급소 구간은, 위험 구간이 아니라 위험 구간을 벗어난 지점이다.

그런데 이런 의문을 가질 수 있겠다. 20일선 돌파 이후 논스톱으로 날아가는 종목은 어떻게 하느냐는 것이다. 이런 종목은 조정이 없으니 직전 고점도 없는 것이 아니겠는가. 이런 종목은 고민할 거 없이 그냥 포기하면 된다. 아쉬워할 필요도 없다. 몇 개 안 될 테니 말이다. 경험적으로 20일선 돌파 이후 단기 매물 소화 과정은 대부분 있게 마련이다. 이는 고점 탄생, 즉 최종 매물벽은 대부분의 종목에서 만들어진다고 보면 된다.

강한 종목의 마지막 관문이자 매물벽인 직전 고점은, 20일선과 이격 15%를 넘지 않는 곳에 위치해 있는 것이 이상적이다. 주가는 대형 재료가 있거나, 폭발적인 매수세가 붙기 전에는 20일선 돌파 이후 곧바로 머리를 숙이게 된다. 20일선 눌림목 과정은 거의 필연적이란 얘기다. 주가는 골든크로스에 성공했다고 단박에 날아가기보다는 이식 매물이 1차로 터지고, 그 이후에 대기 매수세가 그것을 소화하면서 본격적으로 날아가게 되는 것이다.

   그러면 20일선 눌림목 구간에서 잡는 것이, 직전 고점 돌파 이후에 매수하는 것보다 더 싸게 사는 것이 아닌가 하고 물을 수 있겠다. 맞는 얘기다. 실전에서 필자는 20일선 눌림목 구간에서 배팅하는 경우도 제법 많다. 20일선 눌림목 거래는 어떠한 거래법보다 나쁘지 않은 수익률 성과를 보인다. 다만, 직전 고점 돌파에 앞서 선취매하는 경우라서 매물 돌파에 실패할 가능성이 높다는 점이 문제다. 별도의 창구 분석이 요구된다. 결과적으로, 돌파를 점치고 한 예측거래, 즉 눌림목 거래는 길목을 정확히 노린 전고점 돌파 거래보다 승률이 다소 떨어진다고 할 수 있다.

조준된 과녁은 결코 옮기지 않는 것이 최선이다.

20일선 눌림목 구간은, 급소자리는 맞지만 매물 소화가 완벽하게 이루어지지 않은 구간이라 강한 종목 급소자리로 보기는 다소 어렵다. 간혹 20일선 눌림목 거래를 했다가 20일선을 이탈하면서 낭패를 겪는 경우를 대부분 경험했으리라 여겨진다. 좀 더 주고 사더라도 확실한 구간, 과녁이론에 맞게 마지막 길목을 노리는 것이 실제 수익률에서 월등히 앞선다.

참고로, 20일선 눌림목 구간에서 가장 중요한 것은 지지력 확인이다. 단기 반등에 그친 채 2차 하락으로 이어질 것인지, 아니면 눌림목에 성공하고 2차 상승으로 이어질 것인지는 연속된 지지 캔들에서 판단해야 한다. 최소한 이틀 이상, 지지 캔들(도지형, 망치형, 역망치형 등 단봉의 양봉)이 20일선 위에서 연속적으로 탄생한 경우, 추가 하락에 대한 리스크는 상당 부분 상쇄되었을 것으로 봐야 한다. 이때는 노려볼 만하다. 실제 필자의 제자, 양음선생은 아마추어 시절 이런 눌림목 매매법 달랑 하나만으로 수익률 대회에 출전, 주간 1위를 두 번이나 기록하기도 했다. 그는 지금도 20일 눌림목 등 자신만의 독자적인 매매원칙 몇 가지로 우직하게 시장에 맞서고 있다.

다시 한 번 정리하자면, 따블 종목은 마지막 관문이자 매물벽인 '직전 고점'을 강력하게 돌파해야 한다. 통상 단기 상투인 직전 고점은 20일선 돌파 이후 추격 매수 물량이 물린 지점이라 매물벽이 매우 두텁기 마련이다. 따라서 치열한 매물 공방은 필수다. 직전 고점은 눌림목에서 잡은 물량과 고점에서 던지려는 물량이 매번 충돌하는 급소 중의 급소인 것이다.

그런데 만약, 상승하던 주가가 '직전 고점'을 찍고 밀리는데, 가격 조정이 없이 기간 조정만 있다면 어떻게 될까? 다시 말해 눌림목이 깊지 않다면, 치열한 매물 공방은 충분히 피할 수 있을 것이며, 2차 상승 역시 훨씬 수월하지 않을까?

주가가 20일선 돌파에 성공하면 많은 경우 가격 조정과 기간 조정이 뒤따른다. 단기 상승 폭이 큰 만큼 이익 실현 물량은 예외 없이 출회하니까 말이다. 그 조정 폭의 하단은 대략 20일선 언저리가 되는 것이다. 이와 같은 눌림목 패턴은 차트 패턴으로 봤을 때 20일선 위에서 N자형 패턴을 보이게 된다. 이런 가격 조정 패턴은 고점 모서리가 대부분 날카로운데, 이는 상투에 물린 물량이 제법 많다는 것을 암시한다. 다시 말해 본전 가격인 직전 고점에 오면 처분하려고 벼르는 물량이 엄청 많다는 얘기다. 문제는 이런 상투 물량이 상승 시 강한 매물벽으로 작용하면서 2차 상승을 크게 방해한다는 사실이다.

만약, 상승추세 중에 잠시 쉬어 가는 구간에 있는 종목, 즉 눌림목 구간에 있는 종목이 이런 매물벽이 전혀 없는 경우가 있다면, 이건 정말 금상첨화가 아닐까? 상승 추세는 여전한데 소화해야 할 매물이 거의 없는 종목이라면 별도의 조정 없이 그냥 날아갈 것이 분명할 것이니 말이다. **조정은 조정인데 기간 조정만 있고 가격 조정이 없는 종목, 정말 이런 종목은 하락 가능성이 거의 제로에 가까운 가장 강한 종목임이 분명**할 것이다.

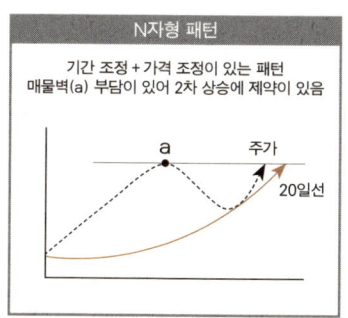

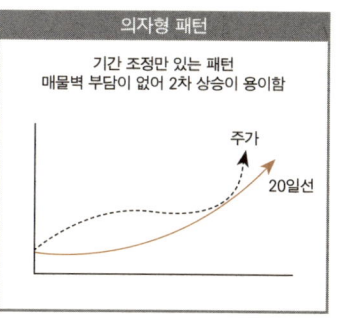

가격 조정이 없는 종목의 차트 패턴은, 20일선 위에서 N자형을 살짝 옆으로 눕힌 형태가 될 것이다. 가만 보니 마치 의자가 서 있는 모양이다. 일단 기억하기 좋게 '의자형 패턴'으로 명명하자. 그런데 이런 의자형 패턴은 과연 어떤 배경에 의해서 탄생하는지 몹시 궁금하다. 이익 실현 물량이 쏟아지지 않아서일까? 그럴 수도 있겠다. 그런데 왠지 석연찮다. 이익 실현 물량 자체가 없다면 눌림목 구간 자체가 없어야 하는 것 아닌가? 기간 조정도 필요 없이 그냥 날아가야 맞을 것이다. 물론 이런 상승 패턴은 매물 소화 과정이 없었으니 언제든 이익 실현 물량이 쏟아질 가능성도 염려해야 한다.

의자형 패턴은, 주가가 20일선 돌파한 이후에 캔들이 옆으로 서는 패턴이다. 이익 실현 물량이 출회되면서 더 이상 오르지 못하고 주가가 며칠간 옆으로 기는 것이 분명하다. 그런데 매물이 출회되는데도 불구하고 주가가 밑으로 밀리지 않는다는 사실은 무엇을 의미하는가? 그렇다. 이익 실현 물량을 누군가 몽땅 받아내고 있음을 알 수 있다. 이는 하방경직성 측면에서 가장 튼튼한 종목임을 알 수 있는 대목이다.

상승 추세의 종목이 조정 구간에서 힘의 균형을 유지하면서 옆으로 가고 있다니! 이건 정말 주목하지 않을 수 없는 패턴이 아니겠는가.

만약 이익 실현 물량이 몽땅 소화되고 더 이상 나올 물량이 없다면, 아마도 결과를 확인할 것도 없이 2차 급등으로 이어질 것은 불문가지(不問可知)이리라. 그렇다면, 이것은 결코 놓쳐서는 안 될 최상의 패턴인 것이다.

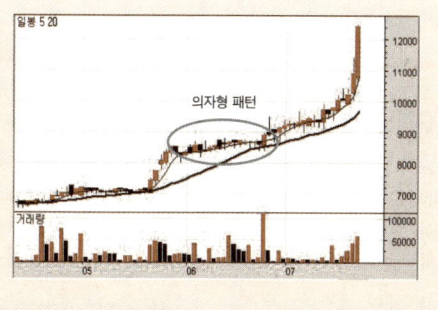

지금껏 의자형 패턴보다 강한 패턴은 결코 없었다는 것이 필자의 오랜 견해다. 의자형 패턴은 가장 강한 패턴 중에서도 단연 으뜸이다. 그동안 20일선 계단식 상승하는 종목 중에서 이 의자형 패턴이 탄생한 이후, 그들 종목 대부분은 크게 날아갔다는 사실을 지면을 통해 말씀드린다.

거듭 강조하지만, 20일선 위에 탄생한 의자형 패턴은 지금까지 확인된 급등 패턴 중에서 가장 강한 패턴이다. 만약 당신이 1,800개 전 종목 중 이런 종목만 선택적으로 거래한다면, 몇 개월 안에 분명히 따블맨이 될 수 있을 것이다. 따블맨은 가장 강한 종목을 다루겠다는 확고한 거래 철학을 가진 사람만이 될 수 있다고 했다. 만약 당신이 따블맨이 되는 지름길을 원한다면 가장 강한 패턴인 의자형 패턴에 과감히 배팅할 것을 조언한다.

결론적으로 따블맨의 절대 조건은 '기다림'에 달렸다. 강한 종목 급소 구간이 탄생하기 전에는 최대한 기다릴 수 있어야 진정한 따블맨 자격이 된다. 실전에서 의자형 패턴이 어디 그렇게 많겠는가. 따블맨의 지름길을 원한다면, 의자형 패턴이 출현하기 전까지 참고 또 참아라. 승부에서는 서두르면 진다. 급소가 탄생하기 전의 성급한 거래는 분명히 승률을 크게 떨어뜨린다. 기다림은 따블맨 최고의 자질이다.

낚시에서 대물꾼은 모두 **기다림의 대가**들이다. '대물은 소리 없이 왔다가 소리 없이 간다. 단 한 번의 입질을 **완벽하게** 읽기 위해 모든 것을 집중한다. 그를 이길 수 있는 **유일한 방법**은 오로지 **기다림뿐**이다.' 참돔 기록 보유자인 부산의 박창수 씨가 한 이 말이 무척 의미심장하다. 혹시 우리는 그동안 잔챙이 입질에 **너무 쉽게 휘둘려 왔던 게 아닐까**? 대물이 채 오기도 전에 말이다.

4장

따블맨에게 '교체매매'란 생활이다!
갖고 있는 종목을 더 강한 종목으로 옮겨라!

교체매매는 말 그대로 종목을 교체해서 거래하는 것을 의미한다. 그런데 일반적인 매수 매도 거래법과는 몇 가지 차이점이 있다. 통상은 보유 주식을 팔고 난 이후에 새로운 종목을 찾아서 매수한다. 이것이 일반적이다. 매도와 매수 사이 명확한 경계가 있다는 얘기다. 그러나 이런 거래법은 엄밀히 말해 교체매매로 볼 수 없다. 통상적인 투자자들의 거래방식으로서 그냥 단순 매도, 단순 매수일 뿐이다.

교체매매는 팔고 나면 반드시 다른 종목으로 옮겨 가야 한다. 매도와 매수 행위가 구분되는 것이 아니라 일체형으로 진행되어야 한다는 것이다. 그런데 막연히 종목을 교체하는 것은 사실 교체매매의 본질이 아니다. 교체매매는 새로운 종목을 사기 위해서, 매도라는 절차를 그냥 형식적으로 거칠 뿐이다. 다시 말해 교체매매의 핵심은 파는 것이 아니라 사는 것에 목적을 둔 거래 이론이라는 얘기다. 이 점은 매우 중요하다.

교체매매는 매수에 포인트가 맞춰져 있는 거래기법이다. 그렇다면 종목 교체는 어떤 기준과 절차가 반드시 있어야 한다. 일단 매도에 앞서 교체할 종목을 반드시 미리 선택해 두어야 한다. 그 대상은 반드시 강한 종목으로만 규정해야 할 것이다. 다시 한 번 강조하지만, 현재의 보유 종목을 매도하는 목적은, 보다 강한 종목으로 넘어가기 위한 단순한 절차라는 것이다. 결론적으로, 교체매매의 진정한 가치는 강한 종목으로의 이동, 바로 이것이다. 그리고 여기에 따블맨의 모든 비밀이 있다.

평소 시장이 폭락했을 때, 필자는 언론을 통해 의연하게 대처하라는 주문을 종종 넣곤 한다. 장이 폭락했더라도 자신의 종목만 떨어지는 것이 아니라면 무엇이 걱정인가! 주식시장, 조만간 떠날 계획이라면 모를까 평생 자신의 인생과 투자가 함께하는 것이라면, 모든 종목이 똑같이 조정을 받는데 특별히 억울할 것도 없다는 말이다.

혹, 이런 경우는 예외일 수 있겠다. 시장이 전반적으로 상승하는데 자기 종목만 떨어지는 경우. 이런 경우에는 속상해하는 것이 맞다. 주식수 논리에서 보았듯이 좋은 주식으로 옮겨 가지 못한 상태에서 물량이 줄어드는 것이기에 이 경우는 분명 큰 손실이다.

●●●

　마라톤에서 보면, 선두 그룹에서 한번 이탈하면 다시 선두 그룹에 들어가는 것이 거의 불가능하다. 그런 것처럼 시장 평균에 뒤처지게 주식수가 감소하게 되면 훗날 장세가 전환되었을 때 따라잡기가 무척 어렵게 된다. 내 주식 떨어지고, 다른 주식 올라가면 그 이격은 순식간에 두 배로 늘어나니까 말이다. 아마도 다른 종목으로 옮겨 갔을 때 주식수는 대폭 줄어들게 될 것이다. 그때는 교체매매 전략의 효율성을 잃게 된다. 그래서 상승장에선 반드시 먹어야 하고, 하락장에선 손실을 최소화해야 하는 것이다.

　어쩌면 하락장에서 크게 벌려는 마음은 욕심일 수 있다. 그러나 최소한 잃는 폭을 상대적으로 적게 가져가는 것이 따블맨에게는 필수다. 상승장에서 주식 보유일수를 늘리고, 하락장에선 주식 보유일수를 줄이는 것만으로도 크게 이익이 나는 법이다. 이와 같은 보유 기간 원리를 잘 활용해야 한다.

　이 글을 읽는 분들, 이제 교체매매의 필요성에 대해서는 어느 정도

공감했을 것으로 믿는다.

"주식을 파는 이유가 뭐예요?"

혹시라도 누가 이렇게 묻거든, "많이 올라서." 혹은 "혹은 손해가 나서!" 등등 더 이상 이런 이유가 붙지 않았으면 한다. 앞으로는 확신을 갖고 얘기하라.

"내가 갖고 있는 종목보다 더 강한 종목이 있어서!"

그렇다. 이것이 바로 정답이다.

교체매매는 두 가지를 목적으로 한다. 그것은 상승장에서 최대한 크게 먹는 것이고, 또 하나는 하락장에서 손실을 최소화하는 것이다.

사실, 주식은 살 때와 쉴 때가 명확하게 따로 있는 것처럼 전문가들은 한결같이 말한다. 과연 맞는 얘긴가? 물론 이론적으로는 맞을 수 있겠다. 그런데 실전에서 그렇게 하는 투자자가 과연 몇이나 있단 말인가? 지금 당장 시장이 하락장인지 상승장인지에 대한 판단과 기준이 모호한데 말이다. 시장 예측은, 시황 전문가들조차도 번번이 틀리고 있지 않은가. 그런데 언제 쉬라는 말인가?

과거 9·11테러 사건 때 대부분의 전문가들은 최소 6개월은 시장이 암울할 것이라는 견해를 쏟아냈다. 결과는 어땠는가? 한 달도 아니고, 단 3일 만에 시장은 모든 전문가들의 예측을 비웃으며 폭등으로 이어졌다. 당시 시장의 치유 능력을 무시한 어설픈 시황 전문가들로 인해 얼마나 많은 개미들이 물량을 빼앗겼는지 기억해보라. 이렇듯, 누구나 예상하는 그런 방향으로 쉽사리 가지 않는 것이 바로 시장이다.

2007년 7월, 엄청난 유동성을 바탕으로 국내 시장은 거침없이 2,000P를 찍었다. 이때 시황 전문가들의 2007년 하반기 예상 지수가 평균 얼마였는지 아는가? 적게는 2,300P, 많게는 3,000P까지 점쳤다. 이런 형편없는 시황 예측을 쏟아내면서 주식은 쉴 때와 할 때가 있다고 주장한다면 모순도 이런 모순이 없지 않은가. 2007년 이런 장

멋빛 시황을 믿고 2,000P에서 뛰어들었다가 불과 보름 만에 1,600P 대에서 털고 나온 사람들, 그들은 도대체 누구에게 하소연하란 말인가?

문제는 또 있다. 설령, 시황 예측이 잘 맞았다 하더라도 문제는 투자자들의 거래 행태에 있다. 주식투자자들은 주식을 사고파는 것이 직업인 사람들이다. 그런 그들이 누가 장이 불안하니 쉬라고 한다고 과연 쉴 것 같은가? 그들은 주식을 사고파는 것을 업으로 하는 사람들인데 말이다.

●●●

말 나온 김에 잠시 시황 전문가들에게 한마디 하고 싶다. 물론 필자만의 사견이니까 무시될 것이라고 본다. 무엇인고 하면, 제발 주식시장에 극단적인 비관론을 말하지 말라는 것이다. 뭐, 혼자서 '용' 되고 싶은 마음에 그러고도 싶겠지만, 시장 본연의 정체성을 극단적 시황

관으로 훼손시키지 말았으면 하는 주문이다.

주식시장의 정체성이 무엇인가? 주식을 사서 오랫동안 보유하려는 목적으로 탄생한 시장이 아니던가. 주식을 사고팔면서 보다 유리한 종목으로 옮겨 가는 것은 건전한 거래다. 그러나 팔고 떠나라고 만든 시장은 아니지 않은가. 주식시장의 정체성이 그런 만큼 어떤 악재 속에서도 주식을 보유하려는 수요가 들끓었던 것이 바로 시장의 역사다. 어설픈 단기 시황관으로 시장의 팽창을 막으려는 시도는 멈춰져야 한다. 극단적 시황관 때문에 삼성전자를 빼앗기고, 농심을 빼앗긴 불쌍한 개미들이 과거 얼마나 많았는지 알기나 하는가? 제발, 10년 후 20년 후 국내 증권시장의 밝은 미래를 생각한다면 이런 극단적 비관론만은 자제했으면 한다.

시장의 정체성은 계속적인 성장 쪽이다. 그렇다면, 결론은 하나다.

주식은 쉬는 것이 아니라, 끊임없이 강한 종목으로 옮겨 가는 것이다. 교체매매만이 개인투자자들의 해답이다. 그렇다면 우리 개인투자자들의 최고 경쟁력 또한 교체매매에서 찾아야 한다. 따블맨 역시 교체매매를 통해서 찾아야 한다. 굳이 시장을 오랫동안 떠날 필요가 없으며(필자를 포함한 주식 전문가들이 시장을 잠시 떠나라고 조언한다고 해도 단 한 사람도 떠나지 않는 것이 바로 주식시장이다.) 떨어지는 종목을 갖고 머뭇거릴 필요도 없다. 강한 종목하고 놀기만 하면 된다. 따블맨은 자신의 계좌를 강한 종목으로 채우기 위해서 쉬지 않고 종목을 바꿔 타기만 하면 자연스럽게 이루어진다.

그렇더라도 하락장엔 장사가 없지 않겠느냐는, 뭐 그런 이견이 있을 수도 있겠다. 거기에 대해선 이렇게 말하고 싶다. 하락장에서는 강한 종목이 어차피 몇 개 없다는 사실을 알고 있는가라고. 이는 교체매매로 넘어갈 종목, 즉 강한 종목이 마땅치 않기 때문에 자연스럽게 청산 물량에 비해 신규 편입 물량이 대폭 줄어들 것이란 얘기다. 교체매매는 기준 없이 종목을 갈아타는 것이 아니라 약한 종목을 버리고 강한 종목으로 옮겨 가는 거래법이다. 우리는 이 점을 명심해야 한다.

예를 들어 보겠다. 하락장에서는 모두 몸을 사리기 때문에 박스권을 강하게 치고 나가는 종목이 나오기가 무척 어렵다. 수급, 즉 에너지가 모이지 않기 때문이다. 20일 이평선을 강하게 뚫는 종목도 거

의 찾을 수가 없다. 20일 이평선 돌파를 위해서는 최소한 10일 이상 20일선 가격대 물량을 소화해야 하는데, 단 하루 장대 양봉 만들면 되는 것도 아니고 어찌 쉬울 수 있겠는가. 평소 가격대에 비해 20% 이상 가격대로 점프해서 강하게 버티고 있는 종목군에서 주도 업종이 탄생하는 법인데 그런 종목군들을 어찌 쉽게 찾을 수 있겠는가.

반면 하락장에선, 종목 대부분이 역배열 상태로 20일 이평선을 타고 힘없이 흘러내린다. 거래 규모의 감소는 이렇게 자연스럽게 진행된다. 물론 손실도 자동으로 제어될 것이다.

이렇듯 교체매매는 하락장에서 손실을 최소화하는 장점을 갖고 있다. 앞서 교체매매 이론의 요지는 무엇이라 했던가? 기준 없는 종목 교체가 아니라 강한 종목으로의 이동이라 하지 않았던가. 강한 종목은 하락장에서도 강한 법이다. 설령, 교체매매한 종목이 다소간 떨어지더라도 여타 종목에 비해 조정 폭이 깊지 않으면, 엄밀히 말해 손해라고 볼 수 없는 것이 아니겠는가.

상대적 힘(Relative Strength: RS)이란 것이 있다. 시장 전체가 30% 떨어지더라도 자기 주식 10%만 떨어지면 상대적 힘은 강한 것이라는 얘기이다. 주식거래야 어차피 평생 할 것이고, 그러니 적게 잃고 먹을 기회에 많이 먹으면 된다. 따블맨은 이런 논리에 강해야 한다. 이렇듯 상대적 힘의 논리를 적극적으로 활용해야 하는 곳이 바로 주식시장이다.

상대적 힘의 논리대로, 강한 종목은 급락장에서도 굳건하게 버티는 법이다.

만약, 일주일째 횡보하면서 지지 캔들이 연속해서 탄생한 종목이 있다고 치자. 그런데 지금 장은 일주일째 맥없이 떨어지고 있는 하락장이라고 했을 때, 과연 이 종목은 강한 종목인가, 약한 종목인가? 그리고 이 종목으로 교체매매해서 별 이익이 없다고 당신은 불평해야 맞는가, 아니면 상승장을 기대하고 크게 기뻐해야 맞는가? 답은 당신이 내리기 바란다.

사실, 하락장이라고 해서 강한 종목이 없지는 않다. 오히려 엄청난 폭등 종목은 하락장에서 탄생하는 예가 많았다. 갈 곳 없는 투자금이 특정 종목으로 쏠리는 현상이 심한 데다가, 하락장에 주가 방어를 위해 특급 재료를 쏟아내는 기업들이 많았기 때문이다. 경험적으로 주가 방어에 실패하면 기업 존폐가 다급한 기업이 하락장에선 꼭 나타나는 법이다. 그러다 보니 하락장에서 개별 재료주를 공략하는 소액 투자자들이 곧잘 따블맨이 되고는 했다. 물론 개별 소형주 투자자에게 국한된 얘기다. 그러나 꿩 잡는 게 매라고, 매는 꿩만 잘 잡으면 된다. 우린 장세에 맞게 수익을 올려주는 종목이면 개별 재료 종목인들 굳이 마다할 필요가 있겠는가.

반대 논리로, 상승장이라고 해서 모든 종목이 상승하는 것 또한 아니다. 이 점이 우리가 끊임없이 교체매매를 해야 할 또 다른 이유이기도 하다. 개인투자자들은 장이 어떨까요,라는 질문을 참으로 많이 한다. 그런데 그들이 들고 있는 종목을 살펴보면 절로 웃음이 나온다. 장이 좋아도 전혀 상관없는, 그런 종목들이 대부분이기 때문이다. 오히려 장이 좋으면 하락할 가능성이 매우 높은 저가주들만 수두룩하게 갖고 있다. 그러면서 장 상승을 기대하다니, 아이러니하면서도 안타깝다.

● ● ●

그동안 숱하게 많은 투자자를 면담했다. 어떤 시기에는 증권 강연회를 돌면서 1대 1 면담권을 만들어서 대규모로 배포한 적도 있었으니 오죽 많았겠는가. 그런데 면담을 하면서 공통적으로 느꼈던 절망감이 하나 있다. 그것은 그들이 보유하고 있는 종목들 대부분이 매우 약한 종목이라는 사실이다. 안타까울 정도로 모두들 손실 난 종목만 들고 있었다. 소위 물린 종목들이 대부분이었던 것이다. 물론 그동안 이익이 난 종목도 많이 매수했겠지만 그런 종목을 그때까지 갖고 있었겠는가. 일찌감치 팔아치우고 말았던 것이다.

면담하면서 필자는 매번 이런 질문을 했다.

"당신 계좌엔 왜 이익이 난 종목이
하나도 없는 겁니까?"

상승장엔 주도 업종의 대표주가 강한 종목이다. 2006년, 2007년 현대중공업이나 STX조선, 혹은 두산을 생각하면 된다. 반면에 하락장은 이들 주도 업종의 대표주가 꺾이면서 시작된다. 하락장엔 개별 재료주가 강한 종목이다. 2007년 11월 조정 장세에서는 롯데관광이나 하나로텔레콤 같은 종목이 강했다. 교체매매는 이렇듯 현대중공업에서 롯데관광으로, 다시 LG화학으로, 강한 종목 흐름을 따라 결코 망설이지 않고 과감히 바꿔 타야 한다. 이와 같은 공격적인 교체매매 전략, 이것만이 개인투자자들의 유일한 경쟁력인 것이다. 아울러 따블맨이 될 수 있는 유일한 지름길이기도 하다.

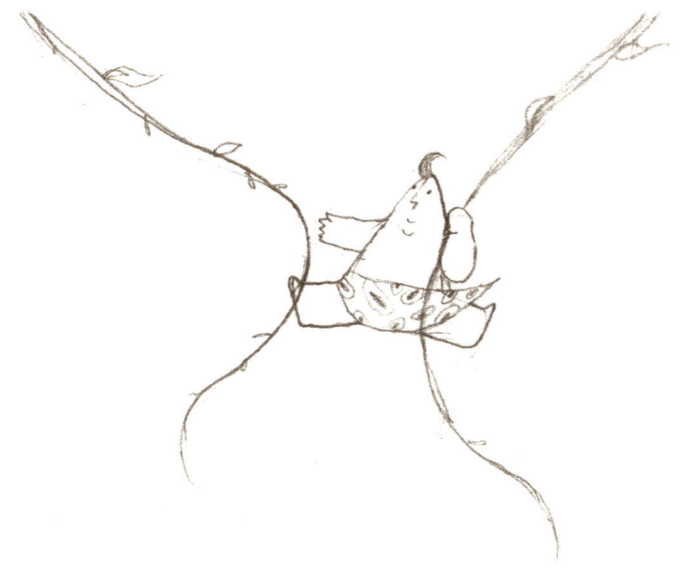

마지막으로, 주식수 논리를 통해 교체매매의 가치를 짚어보자.

다음은 일성신약을 거래한 어떤 투자자의 거래일지이다. 이 투자자는 필자의 제자이다.

> 2006년 9월, 일성신약의 첫 매입가는 5만 원이다. 매입수량은 1,000주. 총 매입금액은 5,000만 원이다. 매입과 동시에 주가는 상승했고, 3개월 후 86,000원까지 상승했다. 이때까지 연속적으로 강한 종목이어서 교체매매할 이유는 없었다.
>
> 2007년 1월 초, 잠시 조정 구간을 맞았다. 그때 현진소재가 20일선 골든크로스를 내며 강한 종목으로 등장했다. 교체매매 결정! 종가에 일성신약을 78,000원에 팔고 현진소재로 넘어갔다. 현진소재 매입가는 17,000원. 예탁자산은 7,800만 원으로 불었다.
>
> 이후 3월 초, 현진소재가 장대 음봉을 맞으면서 비틀거리자 18,000원에 팔고 다시 일성신약 90,000원으로 넘어왔다. 이후 일성신약은 단 한 번의 조정 구간 없이 급등, 불과 2개월 만에 140,000원에 도달했다.

자, 상기 거래일지를 토대로 이제 계산을 해보자.

강한 종목 이론에 의해 교체매매를 두 번 단행했다. 그렇다면, 처음 1,000주에서 출발한 일성신약의 주식수는 과연 몇 주로 바뀌었을까? 개인적으로 계산을 꼭 해보길 바라지만, 필자가 대략적으로 계산한 바로는 920주가 된다. 교체매매를 통해 주식수는 처음에 비해 대략 10% 감소했다. 그런데 주식 평가액은 놀랍게도 초기 자본금 5,000만 원에서 무려 1억 3,000만 원으로 불어나 있는 것을 알 수 있다.

바로 이것이 지금껏 필자가 주장하는 교체매매의 진정한 가치이다. 가격 부담을 극복하고 현재 가장 강한 종목을 더 주고 살 수 있어야 하는 결정적인 이유가 바로 이것이다. 비록 주식수가 감소하겠지만 그런 강한 종목에서 따블도 나오고, 따따블도 나오는 것이다. 그러니 주식수 감소는 기꺼이 감수해야 한다. 아무튼 이런 종목 덕분에 자신도 모르는 사이 계좌는 쑥쑥 불어나 있을 것이다. 부자는 이렇게 돈 묻는 원리에 의해서 탄생하는 법이다.

5장

확실히 돈 되는 거래전략, '종가 알박기'
크게 승부하는 법을 배워라!

종합지수의 상승이 개인들 수익에 크게 도움이 되지 않는다는 것은 이미 주지의 사실이다. 수익은 시장이 아니라 업종이나 종목이 가져다주는 것이다. 그런 만큼 시장만을 바라볼 필요는 전혀 없다.

만약 시장이 50% 오른 후, 10% 조정을 받았다고 가정했을 때, 개인들은 대략 30~40% 정도 수익이 났을 것으로 생각한다. 하지만 천만의 말씀이다. 지수 상승 폭만큼 수익이 나면 얼마나 좋을까마는 유감스럽게도 결코 그런 일은 일어나지 않는다. 좀 극단적으로 표현하면, 개인들은 50% 오른 상승장에 10% 먹고, 10% 조정장에 50% 잃게 될 가능성이 훨씬 높다. 이건 그동안의 증시 역사가 말해준다.

지수가 조정 없이 스트레이트로 오르면 투자자들 모두 돈을 벌겠지만, 지수 상승이 상승과 하락을 반복하면서 점진적으로 진행되는 이상, 지수가 꿈의 3,000P를 달성해도 결과는 크게 다르지 않을 것이다. 완벽한 수익모델, 즉 돈이 되는 확실한 거래전략을 확보하지 않는 이상, 결코 안정적으로 수익을 내는 개미들은 앞으로도 없을 것이다.

그렇다면, 개인들은 어떻게 해야 한다는 말인가? 앞서 개략적으로 거론했듯이 개인들은 주식거래에 있어 크게 승부하는 법을 배워야 한다. 이익 포지션을 최대한 키워서, 먹을 때 크게 먹어야 한다는 말이다. 그뿐만 아니라 하락 가능성이 가장 낮은 종목, 즉 강한 종목만 선택적으로 거래해서 손실 가능성 자체를 대폭 낮출 수 있어야 한다.

무엇보다도 개미들에게는 더 주고 살 수 있는 배짱, 이것이 최고의 성공 키워드이다.

그러기 위해서, 강한 종목만 승부하는 그런 담대함이 필요하다. 주가가 바닥을 기고 있거나 서서히 밀리고 있는, 그런 만만한 종목이 아니라 고개를 빳빳이 든 채 저항 매물을 씩씩하게 먹어대는 그런 종목 말이다. 충분히 가열된 차가 힘차게 달려 나갈 수 있듯이 단기간에 20% 정도 가열된 종목이 가장 큰 시세를 준다는 사실을 명심하면서 말이다.

이런 강한 종목, 언제든 2차 급등으로 이어질 수 있는 종목을 찾아서 함께 묻어가는 전략, 이것이 부자들의 성공 공식이다. 필자는 개인적으로 강한 종목을 종가에 편입해서 홀딩하는 이와 같은 전략을 특별히 '종가 알박기 전략'이라고 명명했다.

⋯

알박기는 원래 부동산 용어다. '알박기'란, 부동산 개발 예정지 중 핵심 요지를 미리 선점했다가 훗날 프리미엄을 듬뿍 얹어서 되파는 행위를 말한다. 부족한 자금을 극복하기 위해 정보에 앞서는 소액의 투기꾼들이 즐겨 쓰는 거래방식이다. 알박기는 단기적으로 적게는 수 배, 많게는 수십 배의 매각 차익을 거두는데, 레버리지 측면에서 그 어떤 상품도 따라올 수 없을 정도로 단연 최고다. 이렇듯 알박기는, 단 한 번만 성공해도 인생 전체가 활짝 펴지는 경우가 많아 부동산 투기꾼들한테는 가장 달콤한 유혹이기도 하다.

그렇다면 부동산 거래전략인 알박기 전략을 왜 주식시장에 접목하느냐는 의문을 가질 수 있겠다. 그건 알박기 전략이 주식시장의 세력주 매매법과 맥락이 같은 데다가 소액투자자들한테 리스크 대비, 레버리지가 가장 큰 거래전략이기 때문이다.

'종가 알박기'는 필자가 주장하고 있는 급등주 따라붙기 이론이다. 이 이론의 핵심은, 소액투자자들은 큰 세력들이 집중적으로 매집하는 종목, 이런 종목만 골라서 종가에 따라 사서 푹 묻으라는 것이다.

충분한 기간을 갖고 물량을 잡아가는 세력의 속성상, 세력주들은 종가 무렵에 큰 거래량이 터진다. 우리는 이를 노리는 것이다. 보통의 소액투자자들은 내일, 혹은 2~3일 이후부터 크게 상승할 종목을 미리 선취매해서 푹 묻어두는 전략을 구사해야 한다. 이때 급소 구간은 앞서 정의했던 20일선 돌파 구간, 전고점 돌파 구간, 의자형 돌파 구간이 될 것이다. 때로는 이 구간에서 메이저들의 쌍끌이 포지션이 겹쳐지는 경우가 이따금 있다. 그들도 수급적으로 맥점을 읽는다는 얘기가 된다. 퍼펙트! 이때 캔들 패턴은 통통한 양봉, 바디 4~8% 정도가 딱 적당하다.

'종가 알박기'는, '크게 승부하라.'라는 필자의 거래 철학에 가장 부합된 거래법이다. 크게 먹기 위해서는, 거래종목은 오로지 세력주에 국한해야 한다. 그런데 우리가 세력일 수는 없으니 큰 세력이 몰래 사 모으는 종목에 살짝 편승해야 한다. 다시 말해, 누군가 매집 들어오는 종목을 미리 알박기해서 함께 묻어가자는 얘기다.

그렇다면 세력이 몰래 사 모으고 있는 종목, 대규모 매집이 일어나고 있는 종목을 잡아낼 수 있는 그런 혜안이 있어야겠다. 세력주를 정확히 찍어서 알박기할 수 있으려면 말이다. 일단 세력이 개입한 흔적에 대한 별도의 기준을 정해야 할 듯하다. 과연 세력이 개입한 종목에는 어떤 징후가 나타날까?

세력주 징후 포착에 있어 가장 쉬운 방법은 아마도 수급 분석이 아닐까 싶다. 차트를 통한 모멘텀 분석 말이다. 큰 세력이 특정 종목을 대상으로 물량을 매집했을 때 차트상에 반드시 나타날 수밖에 없는 패턴이 과연 무엇인지, 이것만 밝히면 될 것이다.

일단, 세력들의 물량 매집에 따른 **첫 번째 징후는, 양봉 캔들의 연속 탄생, 즉 양봉 밀집**이다. 양봉은 전일 대비 주가 상승이 아니라 시초가 대비 종가 상승이다. 이는 중요한 사실이다. 매집이란 매도세가 매수세에 의해 완전히 압도된 패턴을 말하는데, 그렇다면 그 첫걸음이 바로 양봉의 탄생이 아니겠는가. 결론적으로, 매집이 이루어진 종목의 마지막 종가는 시초가 대비 높게 끝나는 패턴, 즉 양봉의 연속 탄생인 것이다.

정보엔 거품이 많다. 때로는 역정보도 비일비재하다. 반면에 일봉 차트는 체결을 기준으로 그려지는 만큼 거품이 없다. 수급을 그대로 반영하기 때문에 가장 정직한 지표다. 그렇다면 양봉이 연속해서 만들어지는 그 배경에 대해서 우리는 믿어야 한다. 누군가가 작정하고 사 모으고 있는 주식에서 나타나는 패턴이 바로 양봉 밀집이 아닌가.

   통상 양봉 연속 출현은, 5일선을 타고 강하게 상승 중인 종목에서 많이 나타난다. 그러나 이건 정확히 말해 양봉 밀집이 아니다. 양봉 밀집은 주가가 횡보 중에 혹은 완만한 상승 중에 양봉이 연속 출현하는 것을 말한다. 주가가 옆으로 가는데 양봉이 연속해서 나왔다는 사실은, 시초가를 최대한 눌러서 개장 가격을 낮게 출발시켰다는 의미가 된다. 이는 동시호가에 물량 확보를 위해 의도적으로 허매도 물량을 동원했음을 유추할 수 있다.
   특히나 양봉에 '밑꼬리'가 없다면, 다시 말해 시초가가 당일 최저가라면, 그 가격은 세력이 만든 가격대가 확실시된다. 개장과 동시에 자신이 가장 먼저 물량을 잡아갔다는 의미가 되니 말이다.

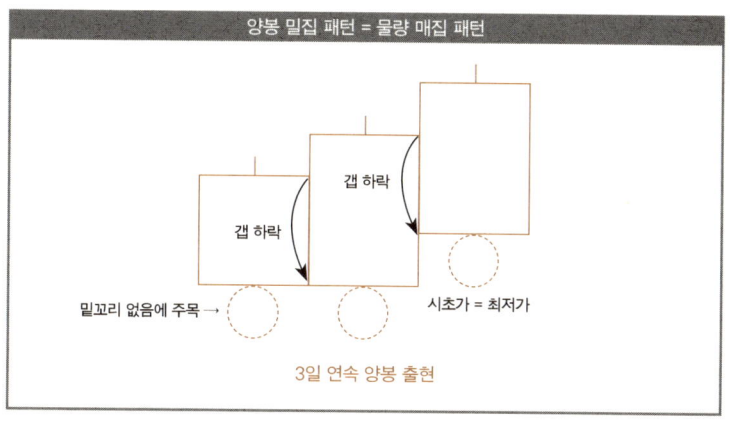

 그런데 이런 양봉의 출회가 단발성으로 그친다면 굳이 매집으로 표현하긴 좀 그렇다. 한 번의 양봉이야 그날 시장상황이 좋아서 그럴 수도 있고, 단기 재료가 출회해서 그럴 수도 있다. 그러나 이런 양봉이 연속해서 출현한다면 이건 분명 누군가의 매집이다. 양봉 숫자만큼 허매도 물량을 동원해서 주가를 누르고 지속적으로 자신의 물량으로 삼았다는 얘기다. 이건 명백한 세력주의 징후다!

 세력이 꾸준하게 매집하면 해당 종목은 연속해서 양봉이 출현하게 된다. 이렇듯 양봉이 많이 출현하게 되면 차트는 과연 어떤 모습일까? 횡보 구간은 물론 하락 구간에서도 양봉 출현의 비중은 높을 것이고, 그러면 차트는 온통 붉을 것이다. 마치 단풍이 든 것처럼 말이다.

만약 당신이 차트를 보다가 차트 전체가 온통 붉은 색상의 종목을 발견했다면, 계좌에 편입할 각오로 달려들어라! 그 종목은 세력주일 가능성, 거의 100%인 보배 같은 종목으로 당신을 따블맨으로 만들어 줄 가능성이 매우 높다.

이런 정도의 뚜렷한 징후, 붉은색으로 치장한 차트는 주식 초보도 별 어려움 없이 잡아낼 것이다. 이 글을 읽는 당신 또한 마찬가지일 것이다. 주식 경력에 상관없이 누구든지 부지런하면 이런 보물 같은 세력주는 크게 어렵지 않게 찾는다. 아무튼 붉은 양봉으로 도배된 차트를 찾아내는 것은, 세력주 징후를 찾는 데 있어 가장 쉬운 방법이자 가장 확실한 방법이라는 것을 꼭 기억해야 한다.

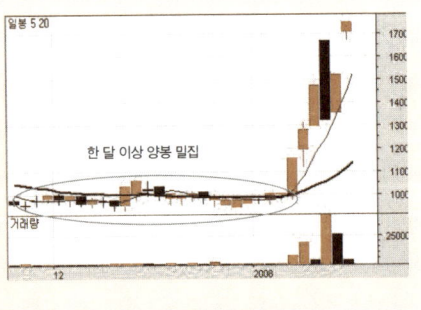

모헨즈(일봉)

세력 매집주를 콕 짚어서 종가에 알박기 하려면 무엇보다도 세력이 개입한 징후를 먼저 읽어야 한다. 그런데 세력이 매집 들어왔을 때 결코 속일 수 없는 징후가 두 개가 있다. 그중 첫 번째가 바로 양봉 밀집 패턴이다.

모헨즈는 자회사가 대운하 지역에 인접해 있고, 공장 중 하나가 새만금 인근 지역에 있다는 이유로 이명박 핵심주로 급부상했었다. 이후 불과 1개월 만에 700% 급등했는데, 이 종목에 있어 핵심은 급등 전 세력 징후가 뚜렷했다는 데 있다. 무려 1개월간 양봉 밀집 패턴이 출현하면서 세력의 매집을 공개적으로 알렸다는 사실이다. 그러나 과연 몇 명이나 이런 세력 징후를 포착하고 급등 전에 미리미리 알박기 했을지 참 의문이다.

그다음, 두 번째 세력주 징후는 **거래량의 계단식 증가**이다. 누군가 특정 종목을 집중적으로 사들이면 거래량은 평소보다 눈에 띌 정도로 늘어나게 된다. 이건 너무도 당연하다. 그런데도 모두들 이걸 놓친다. 실전에서 세력들이 거래량의 증가를 감추면서 물량을 확보할 방법은 전혀 없는데 말이다.

여기에서 주의할 점은, 거래량의 증가는 급증이 아니라 계단식 점증 형태를 띠어야 한다는 점이다. 세력주 개입은 흔히 생각하는 단기간의 100% 이상 거래량 급증 형태를 말하는 것이 아니다. 단타 세력이 개입한 경우, 그때는 거래량이 단기간에 급증 형태로 나타나기도 한다. 그러나 물량을 매집하는 세력, 규모가 큰 세력이 개입한 경우, 그 거래량은 분명히 점진적으로 증가하게 된다. 큰 세력은, 오랜 기간 점진적으로 움직이면서 물량을 확보할 것이니까 말이다.

이때 중요한 것은 거래량 점증 기간이다. 거래량 증가가 얼마간에 걸쳐서 진행되었느냐 하는 것이다. 하루 이틀 거래량이 늘었다고 세력이 개입한 징후라고 보기는 정말 어려운 것 아닌가. 거래량 점증 기간은 충분할 정도로 길어야 한다. 길면 길수록 세력 개입 징후는 뚜렷한 것이고 세력의 규모 또한 큰 법이다.

∙∙∙

 개인적으로 최근 1개월 평균 거래량 규모가, 최근 6개월 평균 거래량의 최소 50% 이상 상회하는 것을 세력주 징후로 기준한다.
 만약, 6개월 기준, 최근 한 달 거래량이 가장 많이 터진 종목 중에서, 주가 상승 폭이 10~20%대에 튼튼하게 버티고 있는 종목이 있다면, 그 종목은 명백한 세력주다.

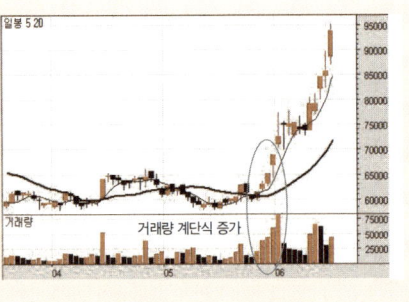

미래에셋증권(일봉)
세력 개입 징후 중 가장 확실한 것은 거래량의 점진적 증가이다. 실전에서 세력들이 거래량 증가를 숨기면서 물량을 확보할 방법은 전혀 없으니까 말이다. 거래량 증가 규모는 최근 5일에서 1개월 사이 거래량이 최근 6개월 평균 거래량의 50% 이상 증가를 기준하는 것이 이상적이다.

미래에셋의 경우, 세력 개입 징후를 읽기가 쉬워도 너무 쉬웠다. 시장 상황이 전반적으로 좋고, 펀드 호황의 최대 수혜주라는 배경도 있었지만, 수급이 몰리고 특정 창구가 물량 경쟁을 일으키는 모습이 차트 패턴에서 고스란히 나타났었다는 사실에 아쉬움이 크다. 이런 징후만 미리 읽고, 정말 과감히 알박기 했다면 지금쯤 모두들 따블맨이 되었을 텐데 생각하니, 참으로 아쉽다.

세력주 징후 마지막은, 재료 없는 상한가 출현이다.
상한가 종목은 어떤 이유에서 상한가를 갔든 그 이유를 불문하고 당일 가장 강한 종목이다. 상한가에 못 미친 10% 전후의 장대 양봉과 비교해서 상한가 종목은 최소한 3배 이상 강한 종목이라고 보면 된다.

이 두 가지 패턴, 즉 상한가와 장대 양봉과의 가장 큰 차이는 자금력의 규모에 있다.

잠시 이들의 강함을 비교해 보면, 단순한 10%대 장대 양봉은 가장 큰 매물벽인 상한가 부근의 물량을 전혀 소화하지 못했다. 반면에 상한가는 주 매물벽인 상한가 부근의 물량을 완전하게 소화했으며 더불어 상한가 잔량을 쌓았다. 세력의 물량 규모가 차원이 다름을 알 수 있는 대목이다. 필자가 장 종료 후, 장대 양봉과 상한가를 엄격히 분류하는 이유는 바로 여기에 있다.

또 한 가지 큰 차이는, 10%대 장대 양봉을 만든 세력은 이미 이익이 크게 난 상태인 반면(평균 매집단가가 낮다.), 상한가를 만든 세력은 상한가 물량에서 가장 큰 거래가 된 만큼 실제 이익의 폭은 그다지 크지 않다(평균 매집단가가 매우 높다.)는 사실이다. 결국 그들이 노린 것은 내일 이후 추가 상승임을 알 수 있다. 그런 희망 때문에 상한가 진입 시점인 가장 높은 가격에서 개미들이 리스크를 안고 따라붙는 것이다.

실전에서 간혹 의도적으로 상한가를 만들어보면(오래전 아마추어 시절, 대회용 계좌를 위해서 '모찌계좌'를 동원, 오랫동안 바닥을 기고 있는 소위 죽은 종목을 대상으로 몰래 상한가 작업을 하다가 한 번 크게 당했음.) 인위적으로 상한가 만드는 작업이 얼마나 힘든지 혹독하게 알게 된다. 어떤 종목이든 주포는 있게 마련이어서 그들의 동의나 묵인 없이 몰래 매집하다가는 예기치 않은 그들의 공세에 크게 낭패를 보게 된다. 그만큼 상한가 안착은 매우 어려운 작업에 속한다. 만약 종가까지 상한가를 유지했다면 이는 매우 강한 종목이며 그 배경에 누군가가 있음을 인정해야 한다.

이렇듯 힘든 상한가가 어떠한 재료 없이 갑자기 출현했다면 이건 그 배경에 누군가가 있다고 감 잡아야 한다. 다시 말해 어떠한 세력이든 반드시 개입했다는 얘기다. 개인들의 자유의사가 우연하게 합쳐지면서 상한가 탄생? 실전에 이런 건 없다. 아무튼 재료 없는 상한가 종목, 파고들어 가면 뒷배경에는 반드시 세력이 있다.

그런데 이들 세력이 단타성 세력이면 상한가 이후 반드시 시세를 크게 준 흔적을 남기고 빠져나오게 된다. 예를 들어 큰 폭의 갭 상승 후 장대 음봉이 탄생하거나, 일봉 캔들에 긴 '윗꼬리'가 남게 된다든 가 하는, 그들이 털고 나온 그런 흔적 말이다.

만약, 상한가 종목에서 별다른 이탈 흔적(거래량 증가+장대 음봉) 없이 상한가 이후 조용히 옆으로 기고 있다면, 이건 퍼펙트한 세력주다. 상한가 이후 가격 변동성 없이 수일 혹은 수십 일 동안 기간 조정에 들어갔다면 이건 2차 상승을 위해 카운트다운에 들어갔다고 보면 딱 맞다. 상한가를 만든 세력이 아직 빠져나가지 않은 완벽한 세력주이니 말이다. 주가는 해당 주포가 상한가를 만들기 전 가격으로 주가가 원위치되었고 싸졌다. 이건 그냥 끝날 종목이 분명 아니다. 조만간 큰 몸부림, 바로 시세 분출이 충분히 예상된다.

더욱이 상한가 탄생이 단 한 번으로 끝났다면 가벼이 취급할 수도 있겠다. 그러나 상한가 출현이 동일 종목에서 2~3회 이렇게 수시로 탄생했다면, 게다가 별다른 재료도 없다면 이때는 얘기가 달라진다. 이건 분명 세력의 개입으로 봐야 한다.

참고로, 나는 항상 상한가 종목의 주포가 궁금하다. 해서 당일 모든 상한가 종목의 주포 창구를 확인한다. 이것은 내 오래된 습관이다. 상한가 종목은 상대적으로 리스크가 커 전업 트레이더 영역인 것이 사실이다. 그러나 상한가 출현이 잦은 종목에서 따블 종목의 대부분이 탄생하는 실정이고 보니, 최근 5일 동안 단 한 번이라도 상한가가 출현했던 종목은 관심종목에 넣고 수시로 챙겨야 한다.

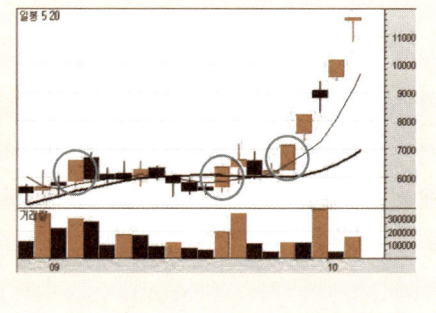

이화공영(일봉)

세력 매집의 마지막 징후는 단발성 상한가 출현이다. 상한가 출현 이후 시세를 크게 주면 강한 종목으로서 당연한 결과다. 이건 포기하는 게 맞다. 그러나 상한가 출현 이후 주가가 큰 거래량 없이(세력 이탈 없이) 다시 상한가 출현 전 가격으로 조정 받으면 이때는 무언가 노릴 수가 있는 종목이 된다. 결코 놓치지 말아야 할 세력주임에 분명하다.

동 사는 이명박 관련주 중에서도 단연 황제주였다. 지난 2007년 여름 2,500원에서 출발, 그해 12월 무려 67,000원을 기록했으니 말이다. 미래에 유사한 상황(정권교체 수혜주)을 염두에 두고 충분히 기억해두도록 하자. 이젠 과거의 아쉬움으로 남았지만, 상한가 출현이 잦았던 점에 우리는 주목했어야 했다.

이런 패턴, 즉 상한가가 수시 탄생한 종목의 배경을 정확히 해석하기란 결코 쉽지 않다. 가장 유력한 분석은, 세력들의 악성 물량 테스트가 아닐까 판단된다. 세력들이 본격적으로 상승시킬 때 쏟아질 수 있는 개인들의 단타성 물량, 이것이 과연 어느 정도일지 미리 테스트

하는 것 말이다. 어쨌든 한 번 만들기도 어려운 재료 없는 상한가를 수시로 탄생시키는 종목, 이런 종목에서 따블 종목이 많이 탄생할 것임은 자명하다.

만약, 상한가 출현 이후 큰 거래량 없이 주가가 완만하게 옆으로 밀리는 종목이 있다면, 이건 악성 매물 테스트를 무사히 통과한 종목으로 간주하자. 이런 종목이 발견되면 지금 당장 자신의 계좌에 편입시킬 궁리를 하자. 상한가로 마감했다는 것 자체가 세력이 개입했고, 또한 매도 물량 출회가 심하지 않았다는 것의 반증인 것이다. 상한가를 지켰으니 세력 이탈도 없었으며, 해당 종목 보유자 역시 큰 물량을 쏟아내지 않았으니 악성 매물이 소화되었거나 크게 없다고 판단해도 되겠다.

상한가에 진입하면 **단타성 악성 매물**은 대부분 소화된다.
상한가 진입 이후 물량이 나오지 않는 종목이야말로 따블 종목 1순위다.

일정 주기를 갖고 반복적으로 탄생한 상한가 종목은 이런 매물 테스트를 두세 번 마쳤다는 얘기가 된다. 상승 시 쏟아질 매물이 거의 없는, 말 그대로 매물 클린 종목인 것이다. 이제 해당 종목의 세력은 언제든 주가를 급등시킬 수 있는 것이다. 어쩌면 거의 주가를 들어 올리기 직전, 카운트다운에 막 들어갔을지도 모를 일이다.

이제 알박기 거래법의 핵심 포인트인 '배팅 시점'에 대해서 알아볼 차례다.

단도직입적으로 알박기 배팅 시점에 대한 결론을 말씀드리겠다. 앞서 누차 거론했듯이 세력 매집주를 정확히 잡아낼 수 있는 시점, 그 배팅 시점의 급소는 종가 무렵밖에 없다. **매집 세력의 의중을 정확히 파악할 수 있는 시간대가 거의 2시 이후 종가 무렵**이기 때문이다. 큰 세력일수록 주로 2시 이후 물량을 매집하면서 주가를 들어 올리는 경우가 많다. 세력들은 본격적으로 움직이기 전에 충분한 물량 확보가 필요한데, 물량이 충분히 확보되었다고 판단되면 종가 무렵에 주가를 끌어올리기 시작한다.

물론 개장과 동시에 물량을 잡아가는 세력 또한 많은 것이 사실이다. 그러나 오전 장부터 세력들이 서둘러 물량을 잡아간다면 개미들 또한 따라붙을 가능성이 높다. 주가는 당연히 급등할 것이다. 세력 입장에서 오전 장부터 주가가 움직이면 추격 매수를 하지 않는 이상 물량 확보에 실패할 것이다. 그렇다면 세력 입장에서는 오전 장부터 굳이 공격적으로 거래할 이유가 없게 된다.

종가 알박기 전략은, 종가에 완벽한 세력주인지 여부를 판단하고 함께 묻어서 넘어가는 거래전략이라고 했다. 해당 종목의 개별 악재는 물론 다른 세력들로부터 예기치 않은 물량 공세는 언제든 일어날 수 있다. 하루 6시간의 거래 시간은 참으로 긴 시간인 것이다. 어떠한 일도 일어날 수 있을 정도로 말이다. 그런 점에서 이 전략의 가치가 단연 돋보인다. 리스크 예방 차원에 있어 가장 우수한 거래전략이라는 얘기다.

오전 장은 백 명의 선량한 개미들이 세력 한 사람한테 이익을 몽땅 몰아주는 장이라고 보면 된다. 오랜 경험과 풍부한 자금력으로 무장한 세력들(주로 '브띠끄')은 상한가에서 장대 음봉까지 자유자재로 시세를 만들며 개미들을 농락한다. 그들은 개인들의 서툰 심리를 거의 꿰고 있다.

세력이 개미들을 상대로 심하게 장난치는 시간대가 바로 오전 장, 9시부터 10시 사이다.

이들의 농간을 벗어나려면 일단 소형 개별주를 피하고 1~2천 원인 저가주를 피해야 한다. 하지만 무엇보다도 오전 장 거래를 최대한 자제하는 것이 좋다. 거래는 오후 장에 집중하는 것이 리스크 예방 차원에서 최선이다.

리스크는 노출 시간에 비례한다. 리스크 예방을 위해서 이런 위험 노출 시간을 종가 무렵으로 한정 짓자는 것이다. 오전 장에 강하게 움직이는 종목을 서둘러 잡았다가 오후 장에 급락으로 마감한 예를 독자들 대부분 숱하게 경험했을 것이다. 더 이상 어떤 변화도 없는 패턴, 세력주 패턴이 100% 완성된 시점에서 조심스럽게 알박기를 하자는 것이다. 이제 알박기 전략을 최대한 종가 무렵으로 가져가는 이유에 대해 충분히 공감했으리라 믿는다.

서둘러 거래해서 좋을 건 별로 없다. 트레이딩은 충분히 참는 사람이 이기는 게임이다. 세력의 의중을 완벽히 파악할 수 없으면 장 종료 직전까지 매수하지 않고 최대한 버티는 것이 유리하다. 종가 무렵까지 최대한 기다렸다가 매수 여부를 판단하는 것이 최선이란 얘기다. 그때까지 밀리지 않고 튼튼하게 버티는 종목, 종가 무렵에 급소 구간을 강하게 통과하는 종목, 이런 종목만 선택적으로 다루는 것이 바로 '종가 알박기' 전략의 핵심이다.

따블맨이 되고 싶은가? 그렇다면 지금 당장
세력의 징후를 포착하라.
그리고 그들이 매집한 강한 종목을
종가에 과감히 알박기를 하라!

6장

지금 당장 '점핑 양봉'을 찾아라!
큰 세력일수록 신고가 종목을 노린다!

만약 당신이 세력이라면 50억짜리 매물벽이 있는 종목을 좋아하겠는가? 100억짜리 매물벽이 있는 종목을 좋아하겠는가?

주포는 딱 자기가 보유한 자금만큼 주가를 상승시킬 수 있다. 50억 가진 세력은 50억만큼, 200억 가진 세력은 200억만큼. 그렇다면 세력이 가장 좋아하는 종목은 과연 어떤 종목인지 그 답은 쉽게 나온다. 물어볼 것 없이 매물벽 없는 종목이 될 것이다. 매물벽이 두텁거나 혹은 매물벽이 여러 개 있다면 자신의 자금을 여기서 몽땅 쓰게 되고 말 것이다. 제대로 날려 보지도 못하고 말이다.

그래서 경험 많고 큰 세력일수록 신고가 종목을 좋아한다. 최근에 신고가를 갱신한 종목은 매물벽이 없는 깨끗한 종목이다. 생각보다 자금 소요가 크지 않다. 물론 초기 매물벽 돌파 구간에서는 자금 소요가 큰 법이다.

싼 종목을 좋아하는 개미투자자들은 매물벽을 잔뜩 안고 있는 종목을 산다. 그런 종목을 사는 것에 익숙한 개미들에 비해 세력들의 투자 행태는 너무 다르다. 신고가 종목과 신저가 종목, 과연 어떤 것이 메이저들이 좋아하고 또 어떤 것이 우리 개미들이 좋아하는지 한번 깊게 생각해보길 바란다. 우리의 상식과 수익이 항상 다른 이유가 바로 여기에 있으니 말이다. 부디 진지하게 고민해보기 바란다.

문제는, 매물벽이 전혀 없는 신고가 종목은 좋은 종목임에 분명하지만 상대적으로 리스크 또한 크다는 사실이다. 물론 자신이 시세를 만드는 주포라면 걱정할 일은 없을 것이다. 주포면 마음먹은 대로 고점과 저점을 만들면서 진입과 이탈 시점을 자유롭게 조정할 것이니까 말이다. 문제는 세력의 농간에 놀아나는 개인들이다. 물량 규모가 미미한 개인들은 주포가 털면 그 즉시 상투를 맞게 된다. 이건 피할 방도가 없다. 신고가 종목은 이렇듯이 상승 가능성만큼이나 주포 입장에서 매도 유혹도 강한 그런 종목이다.

신고가라면 이미 주포한테는 큰 수익을 준 종목이라는 것을 잊지 말아야 한다. 시장상황이 여의치 않을 때, 그들은 매도 유혹을 한층 강하게 느낄 것이다. 그렇게 보면 신고가 종목은 고점에서 추격 매수한 투자자들 입장에선 매우 피곤한 종목이기도 하다. 결론은, 신고가 달리는 종목보다는 상승 초입에 매물벽을 돌파하는 종목을 집중적으로 노리는 것이 훨씬 효율적이다.

● ● ●

자, 이제 점핑(Jumping) 양봉 얘기로 들어가 보자.

바둑에 "중앙으로 한 칸 뛰는 수에 악수(惡手) 없다."는 말이 있다.

바둑에서 궁지에 몰렸을 때 최고의 탈출법은 중앙으로 한 칸 뛰기 전략이다. 대마가 쫓기고 있을 때 가장 효율적인 행보가 바로 중앙으로 한 칸 뛰기인 것이다. 다닥다닥 돌을 붙여서는 상대편의 압박을 신속하게 풀지 못하고 대마는 바로 잡히게 된다. 잡으려 드는 상대편은 한 칸씩 뛰면서 길목을 차단할 것이 분명하니까 말이다. 탈출이든 생포든 결국 속도가 생명인데 그 속도는 한 칸 뛰기에서 비롯된다.

점핑 양봉은 자금 소요가 가장 적은 패턴이다. 점핑 양봉은 마치 바둑에서 한 칸씩 혹은 두 칸씩 뛰면서 가볍게 추격자를 따돌리고 도망가는 것처럼, 매물벽을 최대한 쉽게 뛰어서 넘는다. 개장과 동시에 매물벽을 점핑해서 출발하는 것, 이것이 최소의 자금으로 매물벽을 극복하는 지름길이다. 매물을 뚫는 데 50억보다는 20억 쓰는 게 좋고, 5일 걸릴 거 이틀 만에 돌파하는 것이 주가를 멀리 보내는 데 훨씬 유리하다.

점핑 양봉은 수급적으로나 심리적으로 매우 강한 패턴이다. 수급적으로 상한가 다음으로 강하다. 앞서 말했듯이 더 주고 산다는 것은 개미들의 심리를 역행하는 것이 아니겠는가. 점핑 종목을 비싸게 산다는 것은 정상적인 투자심리는 분명히 아니라는 얘기다. 그런데 점핑 양봉은 이를 극복하고 탄생하지 않았는가. 압도적인 매수세에 의해 점핑 이후 쏟아진 물량들을 몽땅 거둬갔다는 사실에 주목하자는 것이다. 분명 누군가 뒷배가 있다.

필자는 점핑 양봉이 매물벽을 넘어가는 모습이 마치 징검다리 같다고 해서 '징검다리 패턴'이라고 부르기도 한다. 강을 건너기 위해서 징검다리를 놓고, 나의 목표를 이루기 위해서 목표와 나 사이에 징검다리를 놓듯이, 그렇게 전고점 매물을 쉽사리 넘어가는 패턴이 바로 점핑 양봉이다. 징검다리를 통해 강물을 건너듯이, 쫓기던 대마가 한 칸 뛰기로 추격을 따돌리듯이, 점핑 양봉으로 매물벽을 통과하는 종목이야말로 가장 강한 종목인 것이다.

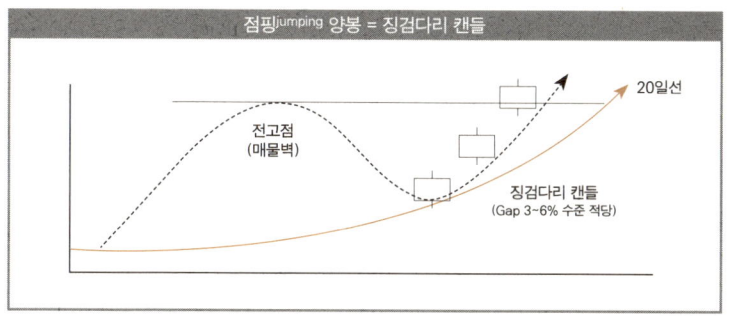

주식에서 좋은 종목은 항상 움직임이 가볍다. 강한 종목 역시 가볍고 빠르게 움직이는 종목에서 탄생한다. 앞서 차트에 있어 지지선 저항선 모두 매물벽 개념이라고 했다. 그렇다면 좋은 종목은 이런 매물벽 돌파를 신속하게 해치워야 한다는 얘기가 된다. 자칫 늑장부리다가 매물벽에 갇히는 신세가 될 수 있으니 말이다. 실제 1만 원대 매물벽 근처에서 옆으로 기다가 두 번 다시 1만 원대를 구경하지 못한 종목이 수두룩하다. 그래서 매물벽이라는 전고점을 앞에 두고 옆으로 완만하게 상승하는 종목, 상승 각도가 날카롭지 않은 종목은 강한 종목으로 쳐주지 않는 거다. 완만하게 매물 소화를 하다 보면 그 가격대에 매물벽만 두텁게 보태주는 꼴이 될 것이니까.

강한 종목은 항상 매물벽 위에서 논다. 매물벽을 돌파한 이상, 추가 매물이 별로 없기 때문에 그 종목이 강한 것이다. 그런데 그 매물벽이란 것이 생각처럼 초기에 뚫기가 쉽지 않다. 쉽게 뚫린다면 이름도 매물벽이라고 누가 지었겠는가? 그냥 '매물숲'이나 '매물막' 정도로 불렀을 거다. 아무튼 우리가 기억해야 할 것은, 강한 종목은 본격적인 랠리를 펼치기 전, 한 번은 강력한 매물벽을 뚫어야 탄생한다는 사실이다.

매물벽은 본전 가격대가 밀집한 곳이다. 수급과 심리가 밀집한 곳, 거기가 바로 매물벽인 것이다. 만약 1만 원에 100만 주의 거래량이 터진 후 현재 밀려서 8천 원에 평균 30만 주 정도의 거래량으로 거래되고 있는 종목이 있다면, 이 종목의 매물벽은 분명 1만 원이다. 그렇다면 이 종목이 다시 반등해서 1만 원 부근에 오면 어떻게 되겠는가? 물린 사람 입장에서 본전 가격대에 온 것이니까 매물이 쏟아질 것이 자명하다. 결국, 수급적으로 혹은 심리적으로 1만 원대는 강력한 매물벽이 된 셈이다. 이걸 어떤 식으로든 뚫어야 따블 종목이 탄생한다.

만약, 이런 강력한 매물벽을 치열한 매물 공방 속에 뚫지 않고 그냥 살짝 뛰어서 넘어버린다면, 이건 상승하기 참 좋은 종목이 아니겠는가. 1만 원에 오면 팔려고 했는데, 순식간에 1만 원을 넘고 이익 실현할 틈도 없이 1만 1천 원으로 갔다고 한번 생각해보라. 본전 가격대를 넘어서면서 손실이 이익으로 순간적으로 바뀐 상황이 된다. 물린 종목이 순식간에 이익으로 바뀌었다면 이제 심리는 두려움에서 희망으로 바뀌게 될 것이다. '이러다가 혹 대박 터지는 거 아냐? 그런데 내가 왜 팔아?' 이렇게 되면서 팔 이유를 망각하게 되는 것이다.

군이 치열하게 싸우면서 매물벽을 돌파하지 않았다고 매물벽 돌파로 인정하지 않을 수 없는 노릇이다. 물론 매물 소화를 100% 마치고, '손바뀜'이 완전히 이루어진 상태에서 저항선이 돌파되면 더 좋기는 하다. 하지만 이런 종목 또한 약점은 있다. 세력은 돌파하다가 자금이 떨어지면 포기하는데 치열한 전투 중에 자금이 동날 가능성도 매우 높기 때문이다. 사실 자기만 세력이란 법은 없지 않겠는가. 예비 따블맨들은 언제든 돌파를 시도하며 강하게 밀어붙이던 세력이 중간에 떨어져 나갈 가능성을 염두에 둬야 한다.

따블 종목은 수급적으로 강한 세력이 붙었을 때 가능하다. 그들이 해당 종목을 지속적으로 끌고 갈 수 있을 때 비로소 따블 종목이 탄생하는 것이다. 상승 시 매물이 꾸준하게 출회하는 종목, 다시 말해 상승하면서 거래량이 꾸준하게 터지는 종목은 따블 종목이 거의 없다. 세력은 물량 매집 단계, 그리고 저항선 돌파 구간 외에는 큰 자금을 쓰지 않아야 따블이 터진다.

세력은 자금을 최대한 길게 분산해서 가져가는 것이 좋다. 100% 올리고 자금이 바닥나는 것보다는 300% 오를 때까지 자금이 남아 있는 것이 좋다. 결국, 상승 중에는 최대한 자금 소요가 적어야 한다. 그래서 거래량이 감소하면서도 상승하는 종목 중에서 따블 종목이 많이 탄생한다.

점핑 양봉은 장대 양봉에 비해서 자금 소요가 평균적으로 절반밖에 소요되지 않는 가장 효율적인 양봉이다. 장대 양봉은 가장 매물벽이 두터운 보합권의 매물대를 몽땅 먹으면서 올린 패턴이다. 그런 만큼 자금 소요가 크고 무겁다. 해서 장대 양봉은 그날 종가에 이익 실현 물량이 쏟아지는 경우가 많다. 하루 만에 크게 이익이 났으니까 말이다. 실전에서 윗꼬리가 긴 역망치형 패턴이 바로 이익 실현 매물로 인해 생긴 패턴이다. 반면에 점핑 양봉은 전일 종가 부근의 가격대를 출발과 동시에 훌쩍 뛰어넘은 패턴이다. 시작을 필요한 가격대부터 출발시킴으로써 불필요한 치고받고 식의 거래를 피한 것이다. 결국 장대 양봉에 비해 거래량은 확연히 줄게 된다.

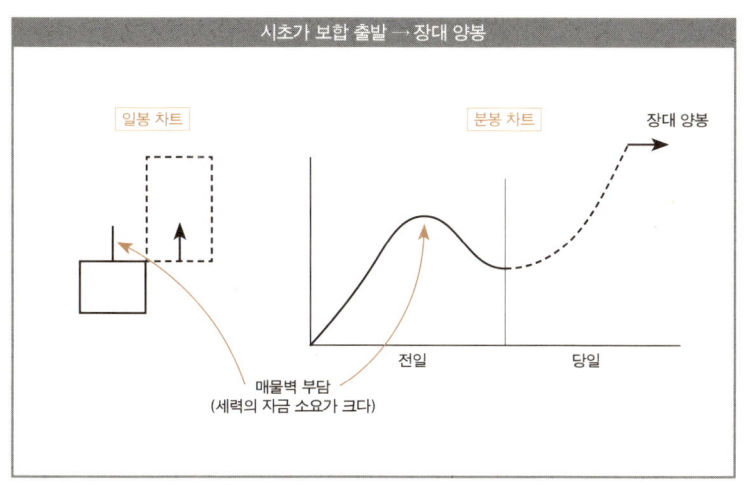
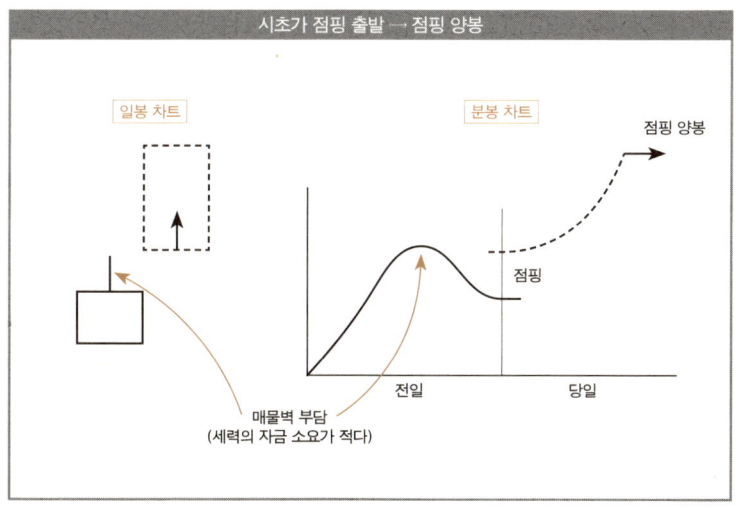

참고로, 당일 종가 무렵에 이익 실현 매물에 대한 부담, 즉 종가에 단타성 매물이 얼마나 나올 것이냐 하는 건 현재 몇 퍼센트 올랐느냐에 달려 있는 것이 아니다. 그것보다는 당일 양봉 몸통(Body)의 폭이 몇 퍼센트냐 하는 것이 보다 중요하다. 예를 들어 현재 가격이 똑같이 +10%인 두 종목이 있다고 했을 때, 한 종목은 Body +5% 점핑 양봉이고, 또 하나는 Body +10%인 장대 양봉이라면 후자가 훨씬 매물에 대한 부담이 크다는 얘기다. 당일 거래자 중 점핑 양봉의 최대 이익은 5%인 반면, 장대 양봉 거래자의 최대 이익은 무려 10%에 이르기 때문이다.

점핑 양봉은 수급적으로 상한가 다음으로 강한 패턴이다. 9시 개장과 동시에 점핑해서 출발하기가 여간 어렵지가 않다. 점핑 양봉은 전일 저항 매물을 소화한 종목이거나 재료가 있는 종목이 대부분일 정도로 점핑 출발은 큰 의미가 있다. 그런데 문제는 점핑 출발은 개장과 동시에 이익을 주는 패턴이라 매도 물량을 촉발한다는 점이다. 전일 1만 원이던 주식이 개장과 동시에 1만 5백 원이라면 팔려는 매물이 쏟아지게 마련이다. 해서 점핑 출발한 종목에서 음봉으로 마감하는 예가 많은 것이다.

그러나 점핑 양봉은 점핑 출발로 인해 장 중 내내 매물 압박이 매우 심했을 텐데도 오히려 종가를 끌어올린 상태로 끝났다. 점핑 양봉이 아주 특별한 이유이다. 당일 매수자들은 당일 개장 시점에 가장 비싼 종목을 선택한 것이다. 왜 그들은 -5% 종목이나 보합권의 종목도 많을 것인데, 굳이 +5%의 비싼 종목을 선택했을까? 이건 명백히 주포가 있다는 것의 반증이다. 세력 없이 과연 개인들이 어떻게 +5%로 출발할 종목을 팔지 않고 더 사면서 +10%로 만들 수 있겠는가! 이 점만 생각하면 해답은 나온다.

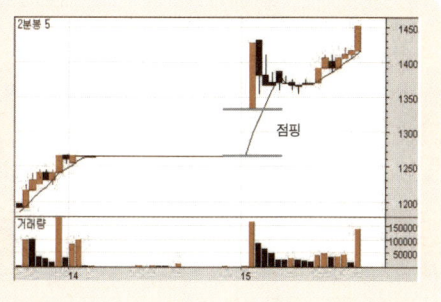

만약 개장과 동시에 +5%로 출발하는 종목과 -5%로 출발하는 종목 2개를 보유하고 있을 때 당신은 어떤 종목을 팔고 또 어떤 종목을 사겠는가? 물론 질문 의도를 모두 알 것이니까 답은 쉽게 맞힐 수 있

을 것이다. 그러나 막상 실전에 서면, 당신은 +5%로 출발하는 종목을 우선적으로 팔 가능성이 매우 높다.

점핑 출발 종목은 장 중 내내 매물 압박에 많이 시달리는 종목이다. 우리 심리가 그렇지 않은가. 올라가면 팔고, 떨어지면 사고. 개장과 동시에 떨어지는 종목은 매수 심리, 높이 떠서 출발하는 점핑 종목은 매도 심리가 훨씬 크게 작용한다. 점핑 양봉은 바로 이런 매도 욕구를 극복하고 탄생한다는 사실이다. 이 점은 수급 측면에서 매우 중요하다. 우리는 어떤 배경에 의해서든 가장 강력한 매물, 바로 갭 매물을 극복한 종목이 점핑 양봉이라는 사실을 인정해야 한다.

앞서, 점핑 양봉의 당일 매수자 모두는 생각보다 이익 폭이 크지 않다고 말했다. 점핑 폭만큼 이익이 상쇄되기 때문이다. 점핑 양봉 종목은 매우 강한 반면에 보유자 입장에서 크게 먹은 것이 없다. 그렇기 때문에 당일 참여자들은 이익 실현 욕구를 크게 느끼지 않는 편이다. 점핑 양봉이 당일 종가까지 꾸준하게 강한 결정적 이유는 이것이다. 종가 알박기 이론에서 점핑 양봉을 가장 선호하는 이유도 또한 이것이다.

만약, 내일 개장과 동시에 점핑해서 출발할 가능성이 가장 높은 종목을 오늘 장에서 찾으라고 한다면, 1순위는 과연 어떤 종목이 될까? 물론 익일 개장과 동시에 가장 센 종목 1순위는 당연히 오늘 상한가 종목이다. 그러나 상한가 종목은 종가 거래에 의미가 없으니(물량 확보 실패+리스크 확대) 제외하는 것이 좋겠다. 그러면 오늘 상한가 종목을 제외하고, 익일 점핑 가능성이 가장 높은 종목을 현 시점에서 꼽으라면 어떤 종목을 꼽아야 하는가? 그렇다. 지금까지 배운 점핑 양봉이다. 모두들 점핑 양봉을 꼽았을 것이라 믿어 의심치 않는다.

금일 종가 무렵에서 익일 개장 가격이 가장 높을 수 있는 종목의 순서를 정해보면, 점 상한가 > 상한가 > 점핑 양봉 > 장대 양봉······ 대략 이런 순이다. 점 상한가도 엄밀히 말하면 점핑 양봉으로 봐야 한다.

현재 점핑 양봉으로 강하게 버틴 종목이 내일 아침부터 높게 떠서 출발할 가능성이 가장 높다. 오늘 뛴 종목이 내일도 뛸 가능성이 높다는 얘기다. 점핑 가격대가 세력이 만든 가격대이면서 종가에 물량 매집을 확대한 패턴이 바로 점핑 양봉이니 당연한 거 아니겠는가. 그렇다면 이런 현상 하나만으로도 완벽한 거래기법을 만들 수 있겠다. 뭐고 하니, 점핑 양봉을 종가에 사서 익일 동시호가에 팔면 점핑 폭만큼

손쉽게 먹을 수 있다는 그런 얘기다. 데이와 스윙 매매의 결합된 거래법이다. 확률적으로 분명히 승산 있는 거래전략이다. 이런 이론은 알고리즘화해서 자동로직으로 만들 수도 있다.

익일 점핑 가능성 높은 종목을 오늘 사서 묻는 전략, 이것은 실전 트레이더들에게 있어 매우 유효하다. 사실 급소 구간을 통과하는 시점에 탄생한 **점핑 양봉**을 그날 종가에 사서 익일 개장과 동시에 팔아도 수익률은 일반 펀드에 비해 **최소 서너 배는 높을 것이라** 확신한다.

점핑 출발해서 당일 양봉으로 마감했다면(점핑 양봉) 당분간 지지 가격대는 시초가, 즉 양봉 캔들 하단 가격대가 될 공산이 크다. 예를 들어 전일 1만 원에 끝난 종목이 오늘 1만 5백 원으로 점핑했고, 종가에 1만 1천 원에 끝난 점핑 양봉이 탄생했다면, 당분간 이 종목의 지지 가격대는 1만 5백 원이 될 공산이 크다는 얘기다.

우리는 장 중 내내 점핑 폭을 지켰다는 사실에 주목해야 한다. 점핑은 세력이 만든 가격대가 아닌가. 그렇다면 며칠간 저점잡기를 통해 데이트레이딩이 가능하다는 사실을 알 수 있다. 단기적으로 최대 저점 가격대가 얼마인지 확인되었으니 말이다.

그런데 만약 이런 점핑 양봉이 같은 가격대에서 이틀 연속해서 탄생했다면, 이건 정말 두 배로 강한 종목이 아니겠는가. 튼튼한 지지 가격대가 연속적으로 탄생한 것이니 말이다. 아마도 주가를 한 단계 레벨업시킨 가격 기준이 바로 그 점핑 가격대가 될 것이 분명하다. 당분간 저점 가격대의 지지력은 크게 걱정할 필요가 없을 것이다. 하락 가능성에 대한 두려움을 버려도 좋다는 얘기다. 어쩌면 상한가 가격대보다도 더 강력한 지지 가격대가 바로 점핑 가격대가 아닐까 생각될 정도로 연속된 점핑 가격대는 의미가 크다.

● ● ●

 이제 점핑 양봉의 이상적인 탄생 구간을 찾는 일만 남았다. 앞서 점핑 양봉의 가장 큰 의미는, 상승 시 세력들의 자금 소요를 대폭 줄여주는 패턴이 바로 점핑 양봉이기 때문이라고 했다. 바둑에서 한 칸 뛰기를 통해 단 몇 수만에 쉽사리 적의 포위망을 탈출하는 것처럼, 세력들은 점핑 방식을 통해서 매물벽을 쉽게 돌파할 수 있다는 얘기이다. 그것도 작은 자금으로 말이다.

 그렇다면 점핑 양봉의 적정 위치, 즉 급소 구간은 주 매물벽이 잔뜩 쌓여 있는 구간이 되어야 한다는 것을 알 수 있다. 결론적으로, 최고의 매물벽이자 돌파 시 최대의 급소 구간은 바로 20일선 돌파 구간, 전고점 돌파 구간, 의자형 돌파 구간 등과 같은 차트 급소 구간이 된다. 그렇다면 점핑 양봉은 바로 이들 구간에서 탄생했을 때 가장 가치가 높다는 것을 알 수 있다.

20일선 매물벽을 점핑 양봉 1~2개로 훌쩍 넘고, 전고점과 20일선 눌림목 사이를 점핑 양봉 2~3개로 뛰어넘는 그런 패턴이 가장 강하다. 주가 1차 상승 후 옆으로 횡보하면서 기간 조정 중인 의자형 패턴 또한 마찬가지다. 의자형 패턴 상단부를 점핑 양봉 1개로서 가볍게 뛰어넘을 때, 그때가 알박기 최상의 급소가 된다.

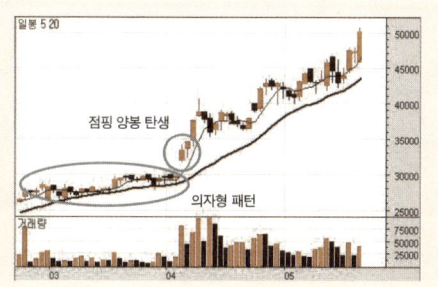

STX엔진(일봉)
점핑 양봉의 적정 위치, 즉 급소 자리는 매물벽을 훌쩍 뛰어넘는 곳이 되어야 한다. 결론적으로 최대의 급소 구간인 20일선 돌파 구간, 전고점 돌파 구간, 의자형 돌파 구간에서 점핑 양봉이 출현했을 때 가장 가치가 높다.

STX엔진은 2007년 상승장을 이끈 현대중공업, 두산, STX조선 등과 함께 대장주 역할을 톡톡히 하면서 불과 1년 만에 500% 급등했다. 우리가 노렸어야 할 급소 자리는 의자형 패턴을 훌쩍 뛰어넘은 3만 원대 점핑 양봉이된다.

이제 최상의 점핑 양봉 조건에 대해서 결론을 찾아보자. 첫 번째 조건은 앞서 거론했듯이 매물벽이 산적해 있는 차트 급소 구간에서 점핑 양봉이 탄생해야 한다는 것이다. 그렇다면 두 번째 조건은 뭘까?

앞서 개장과 동시에 만든 점핑 폭은 세력이 만든 가격대라고 했다.

그렇다면, 가장 강력한 세력주는 뭘까? 그렇다. 바로 점 상한가로 출발한 종목이다. 물량 매집이 끝난 강력한 세력은 출발부터 점 상한가를 만드는 예가 많다. 점 상한가를 만들면 개장부터 매물이 자취를 감출 확률이 높아서 세력 입장에서 자금 소요가 가장 적게 든다. 문제는 이렇게 강력하게 점핑하는 종목(점핑 폭+10% 이상)은 그들만의 종목이라는 것이다. 점핑 폭이 너무 큰 종목의 경우, 변동성이 크고 움직임이 워낙 빨라서 일반 투자자들은 거의 잡을 수가 없기 때문이다.

반면에 1~2% 수준의 낮은 점핑은, 특정 세력에 의한 점핑이라기보다는 시장상황이 좋아서 발생한다. 전일 미국 증시가 좋았다던가 하는 식이다. 아무튼 소폭의 점핑은 수급적으로나 심리적으로 의미가 크게 낮다. 1~2% 점핑 출발로는 매물 출회가 크지 않을 것이며 누군가 개입했다고도 보기 어렵다.

점핑 폭이 클수록 세력이 개입했을 공산이 크다. 물론 매물 출회도 상당해서 종가에 끌어올려 양봉으로 마감하기가 쉽지는 않다. 그러나 이렇듯 어려운 상황에서(매물 출회 가능성 높은 구간) 나온 양봉이 진정한 세력주고, 이런 종목을 노리는 것이 종가 알박기 거래이다. 물론 세력의 개입 없이 개미들만으로 5% 이상의 점핑 출발이 가능하기는 하다. 그럴 경우 점핑 양봉 대신 점핑 음봉이 탄생할 가능성이 높다는 것이 문제다. 점핑 후에 양봉은 뒷심이 있어야 하는데 개미에게 뒷심을 기대하는 건 무리일 것이다.

　개장 시, 매물이 즉각 쏟아질 만큼 초기 이익 폭이 커야 한다는 것이 점핑 양봉의 두 번째 기본조건이 된다. 가장 이상적인 점핑 폭은 대략 +3~6% 정도이다. 강한 종목이 되기 위해서 최소 점핑 폭은 3%가 넘는 것이 좋다는 얘기다. 이런 종목이 양봉으로 마감할 때, 그때 비로소 세력주로서 가치가 있게 되는 것이다.

　한편, 점핑 폭이 최대 6%를 넘을 경우, 강한 종목임에는 분명하지만 리스크가 너무 커서 제외하는 것이 좋다. 장 막판까지 마음을 놓을 수 없을 정도로 움직임이 빠른 경우가 많아 자칫 물릴 공산이 크다.

　마지막으로 최상의 점핑 양봉을 선별함에 있어 이상적인 양봉의 몸통 길이에 대해서 알아보도록 하자. 이상적인 점핑 양봉은 양봉의 몸통이 짧아도 안 되겠지만 길어도 곤란하다. 몸통이 큰 만큼 출회될 매물 규모가 커지기 때문이다.
　점핑 양봉의 몸통, 즉 양봉의 Body는 점핑 폭과 비슷할 정도로 통통해야 한다는 것이 점핑 양봉의 마지막 조건이다. 예를 들면, 점핑 4%로 출발해서 Body 4% 정도의 양봉(현재가 +8%

의미)으로 튼튼하게 버티는 종목, 바로 이런 조건의 종목이 최상의 점핑 양봉이다.

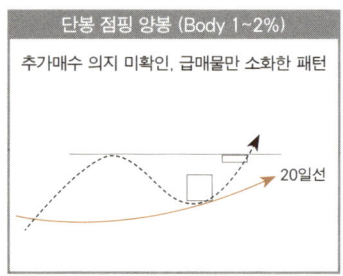

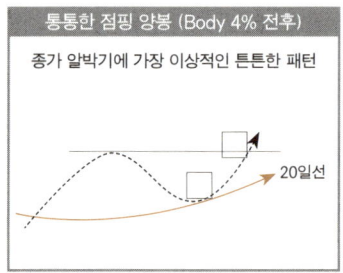

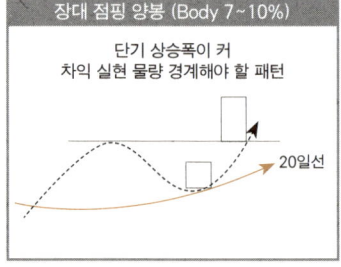

만약, 당일 양봉의 Body가 통통한 정도를 넘어서 제법 길다면(예를 들어, 점핑 4%, Body 8%) 그만큼 점핑 가격대에서 들어온 초기 매수자 관점에서 이익 폭이 커졌다는 얘기가 된다. 이는 매물 출회를 심각히 걱정해야 할 수준이라는 것을 의미한다.

반면에, 양봉의 Body가 직사각형 패턴으로 얇다면(예를 들어, 점핑 4%, Body 1%) 점핑에는 성공했지만 세력의 추가 매수 의지를 확인할 수 없다는 단점이 있다. 더 주고라도 쫓아가면서 사는 것이 강한 종목인데 이럴 경우 Body는 직사각형 패턴이 아니라 통통하게 나타나게 된다. 다만, 단봉의 직사각형 Body는 초기 매수자 관점에서 이익 폭이 거의 없기 때문에 매물 출회 가능성은 거의 염려하지 않아도 좋다는 장점은 있다.

따블맨이 되고 싶은가?
그렇다면 지금 당장 점핑 양봉을 찾아라.
저항선을 막 돌파한 점핑 양봉을 찾아서
종가에 과감히 알박기를 하라!

7장

따블맨의 결정적인 4대 매도법칙!
이익을 최대한 굴려라

매도법칙 하나,

매도에 있어서 가장 중요한 법칙은 '떨어지지 않을 주식을 사는 것'이다. 떨어지지 않을 주식을 사는 것은 그 어떤 투자 타이밍보다도 장기적으로 최고의 수익을 보장해준다. 이건 논리적으로 틀림이 없다. 물론 쉽지는 않다.

따블맨의 비밀을 알고 싶은가? 그렇다면 **손절매 가능성이 가장 낮은 종목을 선택적으로 거래**하라. 그리고 상승 시 매도 시점을 최대한 길게 가져가라. 이것이 따블맨이 되는 데에 있어 최고의 비밀이다. **주식 부자는 이것을 평생 반복하는 사람**이다.

과연 '떨어지지 않을 주식'이란 어떤 것일까? 그 해답은 지금껏 배운 강한 종목에서 찾으면 된다. 손절매 가능성이 가장 낮은 종목은 현재 가장 강한 종목이다. 20일선 골든크로스에 성공한 종목, 전고점 매물 돌파에 성공한 종목, 바로 이런 강한 종목에서 매도의 가능성이 대폭 낮아지는 법이다. 특히 이런 급소 구간을 점핑 양봉으로 가볍게 돌파한 종목의 경우, 점핑 폭으로 인해 하방경직성은 대폭 강화될 것이 분명하다.

매도법칙 둘,

'드라이브 이론'에 입각한 고점 대비 조정 폭을 적용하는 '추적 매도'이다. 필자의 전작《주식 천재가 된 홍대리》에서 도입한 '드라이브 이론'을 잠시 살펴보면, 차의 속도는, 위험 구간(손절매)과 안전 구간(이익 확대)에 따라 달리해야 한다는 것이다. 위험 구간인 커브길이나 과속방지턱이 나타나기 전까지 직선 구간에선 결코 감속할 필요가 없는 것이다. 마찬가지로 이익 구간에선 이익을 반복적으로 굴려서 이익을 최대한 확대해야 하는데, 바로 이 이론이 '드라이브 이론'이다.

한편 '드라이브 이론'은 위험 구간(커브길, 과속방지턱)이 출현하면 속도를 대폭 낮추어서 리스크를 조기에 예방해야 하는 것도 포함된다. 이 이론에 따라 과속방지턱이나 커브길의 등장을 위험 구간의 시작으로 잡고 속도를 낮추듯이, 트레이딩에 있어서 매도 기준점을 미리 정하고 거기에 도달하면 미련 없이 던지고 나와야 한다. 실전에서 이렇듯 매도 기준점을 정하고 진입하는 것은 손실을 짧게 끊어주고, 이익을 최대한 확대하는 데 있어 매우 중요하다.

매도는 적정 주가 논리로 접근하면 대부분 실패하게 된다. 현재 7천 원인 종목이 적정 주가 1만 원이라는 분석이 나오면 사고, 5천 원이라면 팔라는 얘기인데, 이건 엄청난 모순이다. 가장 중요한 것은 현재 가격이고 현재의 추세인데, 목표 가격이 이 모든 것을 부정하게 된다. 누가 미래의 주식 가치를 현재 정확히 얼마라고 못 박을 수 있단 말인가? 정말 위험하기 짝이 없는 발상이다.

적정 주가 논리의 허점을 보면, 하락 추세의 종목은 항상 싸고 좋은 종목이 된다는 사실이다. 떨어지는 폭만큼 PER(주가수익비율)은 떨어지고, 자연히 저평가 종목으로 분류되면서 가치는 올라간다는 사실이다. 참으로 무서운 얘기가 아닌가. 세상에 낙폭이 크면 클수록 팔 생각하지 말고 계속 사라는 주문을 해대는 것과 같은데 이게 실전에서 어디 가당키나 하단 말인가. 이건 명백히 추세를 무시한 거래다. 떨어지면 팔고, 강하게 상승하면 사는 것이 진정한 실전 감각이다.

반대로 이미 시세를 내고 달리고 있는 종목은, 저평가니 적정 주가니 하는 논리로 판단했을 때 고평가 종목에 해당된다. 그러니 자연히 전문가라고 하는 사람들의 매도 추천을 받게 된다. 업종 평균 PER을 무시하고 올라가니, 적정 주가에 모든 가치를 부여하는 전문가들 눈에는 분명히 리스크만 잔뜩 짊어진 폭탄 같은 종목이 되는 것이다. 사실 이런 종목에서 따블 종목이 탄생하는 법인데 말이다.

따블맨이 되기 위해서 가장 먼저 해야 할 일은, 적정 주가 논리를 100% 무시하는 것이다. 이 주식은 얼마가 적당하다는 그런 딱딱한 사고를 100% 차단하는 것이 무엇보다 중요하다. 상승하는 주식은 얼마까지 갈지 그 누구도 모른다는, 이런 말랑말랑한 사고가 따블맨을 탄생시킨다. '드라이브 이론'대로, 갈 때까지 내버려뒀다가, 힘 빠져서 고점 찍고 밀리면 그때 매도해도 충분하다. 그 전까진 적정 주가 논리로는 절대 던지지 말아야 한다. 이것이 크게 먹는 길이고, 따블맨이 될 수 있는 최선의 길이다.

'추적 매도'는, 고점 대비 얼마 이상 떨어지면 자동으로 매도하는 이론이다. 선물 자동 로직에서 흔히 쓰는 용어로서 전문용어로는 TS(Trailing Stop)라고 한다. 일반적으로 추적 매도 기준은 15%(단기 종목은 10%, 중기 종목은 15%, 장기 종목은 20%) 정도로 잡는 것이 이상적이다. 예를 들어, 1만 원에서 2만 원으로 상승한 종목이 시세가 꺾이고 하락하면, 최고점 대비 꺾인 폭의 15%인 3천 원가량 하락한 1만 7천 원 정도에서 이익을 실현하라는 것이다.

반면에 매수 후 1만 원에서 곧장 하락하면 15%가 빠진 8,500원에서 손실 폭을 과감히 끊어주면 된다. 이땐 손절 개념이다.

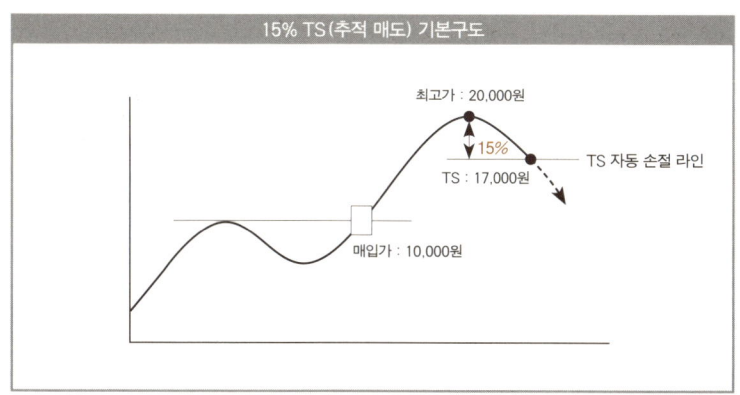

　'추적 매도'는 개별 재료나 수급 동향을 전혀 고려하지 않는 정말 단순한 매도법이다. 그러나 공포와 희망이라는 심리의 지배에 따라 매도하거나, 개별 실적이나 재료 등에 따라 다양한 기준을 적용해서 나름대로 똑똑하게 매도하는 것보다 실제 수익 면에 있어 훨씬 유리하다. 상승장에선 수익의 끝까지 먹고(300% 이상 급등해도 몽땅 먹는 것이 바로 추적 매도법이다.), 하락장에선 반 토막 나는 경우를 100% 완벽하게 막아주는 것이 바로 이 '추적 매도'이다.

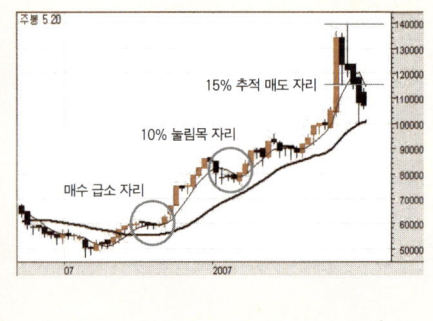

일성신약(주봉)

주식 고수는 대부분 매도 고수다. 매수와 동시에 매도 기준을 잡고 들어가는 것이 최고의 경지다. 크게 먹기 위해서, 그리고 손실을 짧게 끊어주기 위해서 가장 요구되는 것, 그것이 기계적인 매도이고, 그 중심에 추적 매도(TS)가 있다.

일성신약은, 삼성물산 보유 지분의 가치(500만 주, 3천 억)가 시가총액(2008년 초 기준 3천 억)에 거의 맞먹을 정도의 엄청난 자산주다. 삼성물산이 가면 일성신약을 사고, 키움증권이 가면 다우기술을 사는 식의 세트 거래는 실전에서 기본이다.

아무튼, 동 사의 경우 86,000원에서 1차 위기를 맞았지만 추적 매도 기준에 미달(하락 폭 10%)했다. 의연히 버텼어야 할 자리다. 2007년 6월 중순, 12만 원에서 드디어 추적 매도 기준(고점 대비 15% 하락)을 충족했으다. 자, 수동으로 팔 때와 비교해서 얼마나 크게 먹었는가? 부디 비교해보기 바란다. 따블맨은 이런 거래에 강해야 한다.

따블 종목의 경우, 이런 '추적 매도'를 적용했을 경우 외에는 거의 먹기 힘들다고 보면 맞다. 우리 개미들이 어디 통 큰 거물도 아니고, 급등하는 종목을 끝까지 손에서 놓지 않고 버틸 수가 있겠는가.

아이러니하게도 투자 경력이 길면 길수록 지혜로운 듯 보이지만 조금 먹고 던지는 습관은 초보보다 오히려 심하다. 새가슴은 초보보다 오히려 깡통 경험이 많은 경력자에게 많다는 얘기다. 경력자는 시장을 필요 이상 두려워하고 기대 수익이 크지 않다. 그들은 많이 오른 종목은 적정 주가를 벗어났으니 이익 실현을 하고 저평가된 종목을 찾으러 다니는 것이 옳다고 굳게 믿는다. 이 전략으로 항상 실패했지만 결코 바꾸지 않는다.

반면에 초보는 주식시장의 생리를 모르다 보니 기대 수익이 매우 크다. 주식투자를 전업으로 하면 1년에 한 100%, 수익을 내는 줄 안다. 말도 안 되는 기대지만, 아무튼 그들은 그렇게 믿는다. 그러다 보니 곧잘 크게 당하기도 하지만 급등 종목도 용케 잘 버텨서 크게 먹기도 한다. 리스크 관리만 배우면 초보가 수익 면에선 훨씬 낫다. 사실 경력자들은 종목을 많이 알고 다양한 지식으로 무장되어 있지만, 크게 먹어보지 않았기 때문에 수익률은 초보에 비해 나을 게 없다.

'추적 매도 15%!' 이 기준을 적용한 것만으로도, '이익을 최대한 굴려라', '손실을 최소화하라'는 '드라이브 이론'을 완벽하게 충족시키게 된다. '추적 매도'는 정말 단순하면서도 놀라울 정도로 높은 수익률을 안겨주는 그런 이론이다.

결론적으로 '동 종목의 목표 주가는 얼마……' 이런 식으로 매도 가격을 미리 정하고 매수에 참여한 투자자는 결코 따블맨이 될 수 없다는 사실이다.
따블맨은 고점 찍는 것을 끝까지 확인하고 처분하는 투자자들, 바로 '추적 매도자'들처럼 통 큰 거래자들의 전유물이다.

매도법칙 셋,

기술적 분석에 입각한 20일 이평선을 이탈한 음봉(종가 기준)의 출현이다.

앞서 20일 이평선은 가장 강력한 매물선이라고 했다. 모든 투자자들이 주목하고 감시하는 이평선으로서 흔히 '생명선'이라고 표현될 정도다. 그만큼 20일선은 막강한 저항선이자 지지선이 된다. 수많은 투자자들이 이를 기준하면서, 뚫으려는 노력과 지키려는 노력이 항상 맞부딪치는 곳이라서 평소의 100% 이상, 폭발적인 거래량이 수반된다. 이렇듯 20일 이평선은 심리와 수급이 동시에 교차하는 최고의 맥점이다.

앞서 강한 종목의 첫 번째 관문이자, 첫 번째 차트 급소는 20일선 돌파 시점이라고 했다. 강력한 저항 매물대가 포진한 20일선, 여기를 치열한 전쟁 끝에 매수세에 의해 매도세가 완전히 극복되면 매물은 자취를 감추게 된다. 이제 20일선은, 가격 조정 구간인 눌림목 구간에서 대기 매수세가 형성되는 가격대로 돌변하게 된다. 강력한 저항선이 무너지면서 그 가격대가 강력한 지지선으로 돌변하게 되는 것이다.

통상 따블 종목은 20일 이평선을 계단식으로 타고 안정적으로 상승한다. 때로는 가격 조정으로 20일선까지 눌림목을 주기도 하지만 굳건하게 20일선을 지켜낸다. 강한 만큼 참여자 모두가 생명선이라는 20일선을 지켜낸다. 정말 강한 종목은 20일선까지 가격 조정 없이 약간의 기간 조정만 거치는 경우도 있다. 눌림목을 주기보다는 의자형 패턴을 그리며 옆으로 일봉들이 나란히 서는 것이다. 이런 의자형 패턴은 대기 매수세가 풍부한, 수급적으로 매우 강력한 패턴이라고 앞서 누차 강조했다. 이 모든 패턴이 20일선을 우상향시키면서 주가와 함께 간다.

만약, 이렇게 강력한 20일선을 깨고 주가가 하향 이탈하면 심리와 수급 모두를 크게 해친다. 실망 매물이 쏟아지고 상승 추세는 순식간에 하락 추세로 돌변한다. 이제 추세가 전환된 이상 신속하게 빠져나오는 것이 최선이 된다. 만약 버릴 수 없는 종목이라면 잠시 팔았다가 20일선 회복하면 다시 사들이는 방법도 구사해야 한다. 얼마까지 떨어질지 모르는 종목을 우직하게 보유하는, 그런 비합리적인 리스크 대응책으로는 주식시장에서 결코 살아남을 수 없게 된다.

양봉은 당일 매수세가 당일 매도세를 완전히 압도한 패턴이라고 했다. 양봉은 어떤 구간에 있든 매도하는 캔들이 아니다. 양봉은 매수 혹은 보유 캔들이다. 파는 캔들이 아니란 얘기다. 비록 20일선 역배열 구간에서 탄생했을지라도 말이다. 매도 구간에서 팔아야 할 캔들은 반드시 음봉으로 국한해야 한다. 몇몇 예외적인 상황을 제외하고는 양봉은 사는 캔들, 음봉은 파는 캔들로 아예 정의해두는 것이 좋다. 이것이 훗날 큰 실수를 예방해준다. 참고로, 20일선 하향 이탈한 시점에 양봉 출현으로, 윗꼬리가 몸통의 5배 이상 긴 장대 역망치형이 탄생했다면, 그땐 매도를 고려하는 것이 유리하다. 이런 패턴은 세력 자신이 20일선을 재탈환하는 척하고는 개미들에게 물량을 넘긴 패턴이다.

20일선의 또 하나 큰 의미는 수급이나 심리선을 떠나서 자기와의 약속 라인이라는 점이다. 보유 종목은 반드시 어디에선가 팔아야 하는 기준이 있다. 매도 기준점은 분명한 것이 최대 가치다. 적용이나 해석이 다를 수 있는 매도 기준은 실전에서 아무 의미가 없다는 것을 알아야 한다. 그런 측면에서 보면, 20일선만큼 자기와 약속하기 좋은 기준선이 없다. 20일선은 매도 라인이며 자기와의 약속 라인이다.

**난 20일선 무너지면 무조건 던진다!
이유? 없다. 20일선 무너지면 판다고
스스로 약속했으니까 팔 뿐이다.**

● ● ●

'매도 기준점을 확보한 종목을 산다!' 어쩌면 이것이 매도에 있어 최상의 경지가 아닐까? 반드시 팔아야 할 상황을 미리 정해놓고 매수하는 것 말이다. 언젠가 "아마추어 투자자와 프로 투자자의 가장 큰 차이는 무엇인가?" 하고 모 언론사 기자가 물었던 적이 있었다. 그때 필자가 했던 말이 생각난다.

"아마추어는 올라갈 것 같아서 사고,
프로는 기준선을 이탈하면, 그때 팔려고 산다."

매도법칙 넷,

매도법칙 마지막은, 5일선 위 연속된 음봉 2개 출현에서 매도이다. 급등하는 세력주의 경우, 이익 실현 타이밍을 잡는 것이 따블맨이 되는 관건인데, 미리 던지고 나오지 않기 위해서 캔들 기준을 반드시 정해두는 것이다. 따블맨은 강한 종목을 누가 더 오래 붙들고 있느냐, 여기에 달렸다고 해도 과언이 아니다. 그래서 일찍 급등주를 손에서 놓지 않기 위해서 5일선 위에 음봉 2개를 매도법칙으로 정하는 것이다.

이익을 주고 있는 종목, 급등하고 있는 종목은 결코 상승 배경에 대해서 궁금해하지 않아야 한다. 궁금한 나머지 주담이나 전문가에게 물으면 그날로 팔게 된다.

"이 종목 올라가는 이유가 뭔가요? 언제 팔까요?"

"글쎄요, 특별한 재료는 없는데…… 일단 단기적으로 많이 올랐으니 이익 실현하는 것이 좋겠습니다. 아니면 분할 매도로 대응하시는 것이……."

어떤 전문가나 주담한테 물어도 많이 오른 종목에 대한 답은 뻔하다. 단기 급등 중인 종목, 더 갖고 가라고 했다가 밀리면 정말 큰일이지 않겠는가. 그래서 날아가고 있는 종목을 상담하면 그들은 "많이 올랐으니 매도를 고려하심이……."라는 면피성 발언만 반복할 뿐이다. 그러면 상담을 의뢰한 투자자들은 어떻게 할 것 같은가? 너무 뻔하지 않겠는가. "그러면 그렇지, 위험해!" 하고는 그날로 당장 팔아치우고 말 것이다. 강한 종목은 그 누구에게도 물을 필요가 없다. 종목 상담은 떨어지고 있는 종목만 해야 한다. 이것이 자신의 재산을 지키는 일이다. 아무튼 매도 기준은 기계적으로 가져가는 것이 최선이다. 그것이 따블맨이 되는 지름길이다.

급등하는 종목은 통상 '속임수 음봉'(세력이 이탈하지 않은 음봉)을 만든다. 시장상황이 좋지 않은 날 세력들은 하루 쉴 수 있는데, 이때 속임수 음봉이 탄생한다. 그런데 이런 쉬어 가는 음봉에서 고점 상투라고 생각하고 던져버리면, 평생 따블맨은 되지 못한다. 최소한 이틀 연속 음봉이 출현했을 때 매도하라고 제어 조건을 주어서, 먹을 때 크게 먹어야 한다. 상승 중 하나의 조정 음봉에서 팔지 않고 굳건히 버틸 수 있어야 따블맨이 되는 것이다.

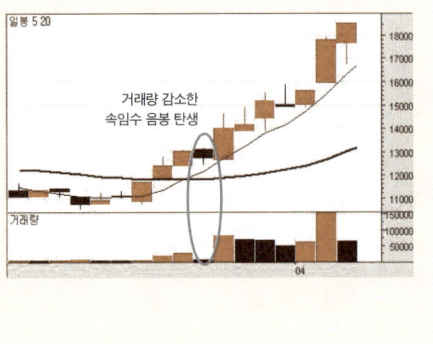

참고로, 5일선 위에 윗꼬리가 긴 피뢰침 음봉이나 거래량이 급증한 장대 음봉이 출현하면 이건 음봉 2개 출현으로 보고, 종가 전이라도 신속히 빠져나와야 한다. 세력이 잠시 쉬어 가는 속임수 음봉과는 전

혀 다른, 말 그대로 '상투 음봉'이 바로 장대 음봉과 피뢰침 음봉이다.

참고로, 'Sang 알박기'가 탑재된 강한 종목 발굴시스템인 'Sang시스템'에는 '오토 컷'이란 자동 손절매 기능이 있는데, 음봉 길이를 조절해서 끊어주는 기능과 이익, 손실 폭을 정해서 자동으로 매도하는 기능이 있다. 두 기능 모두 매도에 있어서만큼은 공포나 희망이라는 심리의 지배를 벗어나게 하기 위해서 기계적으로 끊어주는 역할을 한다.

'오토 컷'은 교체매매를 완성하기 위해서 반드시 필요한 기능이다. 교체매매의 본질은 강한 종목으로의 이동이 아닌가. 그러기 위해서는 강하지 않은 종목을 종가에 자동으로 처분하는 것이 선행되어야 한다. '오토 컷'은 이렇듯 약한 종목을 팔고 강한 종목으로 넘어가기 위한 기능인데, 그 기준은 대략 -4% 이상의 음봉을 대상으로 하며 시장상황에 맞게 탄력적으로 조정된다.

주식 고수는 엄밀히 말해 매도 고수다. 매도 고수는 매도 기준에 의해 기계적으로 매도한다.

매도 기준을 적용하는 데 있어 예외 없이 엄격해야 따블맨이 가능하다. "왠지 떨어질 것 같아서……." 혹은 "너무 많이 올라서……." 이와 같은 감이나 불안한 심리에 의한 매도는 한 번은 몰라도 장기적으론 결코 통하지 않는다.

결론적으로 매도 고수는, 앞서 거론한 '추적 매도'나 '20일선 매도', 혹은 '오토 컷'과 같은 절대 기준에 의해서 칼 같이 실행하는 투자자이다. 따블맨 역시 이처럼 스스로 매도 기준을 정해놓고, 이에 도달하지 않았을 때 끝까지 끌고 가면서 이익을 최대한 굴리는 사람의 몫이다.

항상 하는 얘기지만 돈은 부지런하다고, 영리하다고 해서 버는 것이 아니다. 돈은, 돈을 '묻는' 원리에 의해서 번다. 세력 징후 종목에 알박기를 하고, 먹을 때 크게 먹는 그런 단순한 원리 말이다. 따블맨의 비밀은 바로 이것이다.

부록

주식시장 시크릿 10계명

Secret No. 1 　미국 증시와 반대 포지션으로 질러라!

　개인투자자들의 쓸데없는 걱정거리 중 하나가 미국 경제, 그리고 미국 증시에 대해 갖는 괜한 불안감이다. 미국 금융통화위원회는 변동금리의 천재들이 모인 곳이다. 일본 금리가 1% 이하의 저금리로 수십 년째 묶여 있는 반면, 미국 금통위는 제로금리에서 6% 고금리까지 금리를 자유자재로 조절했다. 과연 그 이유가 무엇이겠는가? 복잡할 것 없다. 이유는 단 한 가지다. 세계의 통화를 주물러서 자국의 경제를 보호하기 위한 것!

　2007년 말, 세계 경제와 글로벌 증시를 공포로 몰아넣었던 것은 다름 아닌 서브프라임 문제였다. 이 서브프라임 사태의 진원지가 미국이었다는 것은 이미 주지의 사실이다. 그런데 이 서브프라임 사태에 직격탄을 맞은 국내 증시, 2008년 1월 말, 놀랍게도 2,080P에서 2008년 9월 초, 1,400P까지 무려 33%나 급락했다. 중국 상하이 증시는 자국의 경기 침체라는 악재도 겹쳤지만, 거의 1/3토막이나 났다. 그런데 아이러니한 것은 당사자인 미국의 다우지수 하락 폭은 생각보다 미미했다는 것이다. 다우지수는 같은 기간, 14,000P에서 11,200P로 고작 20% 하락하는 것으로 그쳤다.

이렇듯 미국은 유연한 금리정책으로 인해 경기 침체나 달러 약세, 유가 급등 등의 악재로부터 자국의 경제나 주식시장의 파국을 최소화했다. 미국은 앞으로도 오랫동안 세계 경제의 중추적 역할을 도맡을 것이 확실시된다. 그런데 우리 주변에는 미국 경제에 대해 심각하다는 진단을 내리고 쓸데없이 고민하는 전문가들이 너무 많다. 덩달아 미국 증시를 걱정하면서 뜬눈으로 밤을 지새우는 개인투자자들까지도 상당한 숫자에 이른다고 알고 있다. 참으로 난센스가 아닐 수 없다.

필자는 9·11테러 이후 지금껏 미국 증시에 대해 심각하게 걱정해 본 기억이 거의 없다. 특히 미국 시장이 궁금해서 잠을 설쳐 가며 미국 증시를 모니터링한 기억은 더더욱 없다. 그들은 충격을 스스로 흡수하는, 마치 용수철 같은 탄력을 가진 강철 국가인데 쓸데없이 고민한들 무슨 소용이란 말인가?

최근에는 미국 시장과 국내 시장 간의 상관관계도 매우 낮아졌다. 특히 단기 흐름의 경우, 양쪽 시장 간에 엇박자로 진행되는 예가 매우 잦아졌다. 미국 증시가 전일 밤 300P 이상 급락하게 되면 국내 투자자들의 반응은 마치 전쟁이나 난 것처럼 호들갑을 떤다. 그런데 막상 국내 증시가 뚜껑을 열어 보면 어떻던가? 정말 우리가 걱정했던 것이상으로 국내 증시가 폭락하는 경우가 그리 많았던가? 경험적으로 미국 증시 폭락 이후 국내 증시는 오히려 후장에 깨끗하게 반등에 성공하는 경우가 훨씬 많았음을 귀띔한다.

참고로, 필자가 만든 '선물 자동시스템' 중에 미국 증시가 특정 폭 이상 상승한 날, 자동으로 매도 진입하도록 구성된 알고리즘이 있다. 물론 반대의 경우, 매수 진입하고 종가에 청산하도록 만들어져 있다. 세상에서 가장 단순한 로직임이 분명하다. "이렇게 단순한 로직에서 무슨 승률이 나겠어?" 이런 식으로 로직 수익률에 대해 의심할 수 있겠지만, 결과는 전혀 다르다. 현재 필자가 만든 수십 가지 선물지수 자동 로직 중에서 미국 증시와 디커플링 계수를 이용해서 만든 알고리즘의 수익률이 항상 상위권에 들어 있다는 사실을 말씀드린다.

Secret No. 2 덩어리가 큰 업종에 알박기를 하라!

'한적한 곳, 최고의 집'이란 이론이 있다. "시골에서 가장 좋은 집이라도 서울 요지의 허름한 집보다 비싸지 않다."라는 이론이다. 외진 곳에 으리으리한 집을 지어놓았지만, 가격은 별로 뛰지 않는다는 뭐 그런 얘기다. 지금 당장 허름해도 개발 여지가 있는 핵심 요지에 알박기를 하고 있어야 훗날 뉴타운 지정도 되고 비싼 값도 받게 되는 것이다.

주식시장도 이와 다르지 않다. 속해 있는 업종의 덩어리가 작거나 후진적 업종의 종목을 실적 호전 운운하며 잡고 있어봐야 결국 혼자만 바보가 되는 셈이다. 차라리 기업 내용은 좀 못하더라도 강력한 업종이나 덩어리가 큰 테마에 속한 종목을 보유하는 것이 백번 낫다.

이제 주식시장은 거대 메이저들의 전쟁터가 된 지 이미 오래다. 그렇다면 거래도 시대에 맞게 흐름을 제대로 타야 성공하지 않겠는가. 외국인 혹은 기관들의 막대한 자금이 투입될 만한 업종, 그리고 테마를 미리 선취매하는 전략으로 가야 한다. 그렇다. 장기투자에서 최고의 비밀은, 메이저들이 훗날 반드시 노릴 수밖에 없는 업종, 덩어리가 제법 커서 메이저들이 오랫동안 묻어둘 수 있는 그런 대형 섹터에 알 박기를 해두는 것이다. 그것이 개별 실적주에 나 홀로 배팅하는 것보다 훨씬 확률적이다. 납득하기 어렵다면 2006~2007년 조선업종을 생각하면 된다.

아무튼 2008년 총선의 핵심 쟁점이었던 '뉴타운 지정' 같은 대형 프로젝트도, 결코 한적한 곳에서 이루어지지 않는다는 사실, 이것 하나만은 꼭 명심했으면 한다.

Secret No. 3 펀드매니저와 브띠끄 운영자, 이들을 믿지 마라!

주식시장에서 모럴해저드(도덕적 해이)는 항상 심각했다. 모럴해저드의 대표 주자는 타인들의 돈을 굴리는 사람들, 바로 운용 인력들인데 특히 브띠끄(사설 펀드) 운영자들의 모럴해저드는 정말 심각한 수준이다. 거대 자금(물론 타인의 돈이지만)을 운용하는 운용 인력들이 소액 투자자들을 비웃고 시장에서 그들을 농락하면서 수익을 취하지만 문제는, 그들 대부분이 자신의 계좌를 직접 운용해 본 경험이 없다는 사실이다. 일부 운용역은 법적인 제도 탓에 그런 경우도 있기는 하다.

그러나 대부분의 운용 인력들, 특히 브띠끄 운영자들은 직접 투자를 통해 수익을 낼 자신이 없다는 것이 그동안 다양한 분야의 운용역을 만나면서 내린 필자의 판단이다.

예전부터 여의도와 강남 일대 곳곳에는 다양한 형태의 브띠끄가 존재해 왔다. 브띠끄는 주로 명망 있는 재야의 증권 전문가, 혹은 증권사 브로커 출신들이 대부분이다. 평소 전문가로 활동하면서 관리하던 여러 회원의 돈을 묶거나(간혹 빌리는 형태를 취하기도 함) 큰손 한두 명의 돈을 받아서 오피스텔 같은 곳에 사무실을 차리기도 한다. 문제는 운용하는 전문가의 수준과 심리에 있다. 결론부터 말씀드리면, 일임매매는 시작하는 순간 99% 실패한다. 확실한 수익모델을 갖춘 실력 있는 전문가들은 정말이지 바쁘다. 자신의 돈을 운용하기에도 시간이 빠듯할 텐데, 타인의 돈을 운용할 정도의 시간적 여유가 도대체 어디 있겠는가? 만약, 타인의 계좌를 쉽게 맡는 전문가라면 실제 자신의 계좌로 매매를 해본 경험이 없거나, 수익을 내본 경험이 거의 없을지도 모른다는 의심을 꼭 한 번 해봐야 한다. 아마도 자기 계좌는 현재 제로일 공산이 매우 높다는 것이 필자의 소견이다.

무엇보다도 대리전을 치르는 선수들의 가장 큰 문제는, 현재 운용하고 있는 큰돈이 자기 것이 아니라는 사실이다. 이건 정말 심각한 문제가 아닐 수 없다. 여기에서 모럴해저드는 100% 발생하게 된다. 물론 잘해서 인센티브 많이 챙겨야지 하는 초기의 순수한 마음이야 왜 없었겠는가. 문제는 운영하는 과정에서 서서히 모럴해저드에 빠져든다는 것이다. 내 계좌가 아니니까 '모 아니면 도' 식으로 막 지르는 경우가 생겨나는 것이다. 때로는 모찌계좌를 동원해서 자신의 차명계좌를 띄우기도 한다. 자신의 돈을 굴려 달라고 계좌를 타인에게 맡긴다니! 자신이 없어서 자신의 계좌로 매매하지 않는 '전문가'들에게 돈을 맡기는 사람들이 줄을 섰다는 사실이 아무리 생각해도 이해가 되지 않는다.

   사실 2007년 조선업종의 급등 배후에는, 이들의 모럴해저드가 짙게 깔렸다는 것이 필자의 판단이다. 만약 당시에 몇몇 펀드매니저들의 모럴해저드가 심각하지 않았다면 아무리 업황이 좋았다고는 하지만 거대 업종인 조선업종 전체가 불과 1년 만에 300~500% 이상 급등한다는 것이 어디 가능하기나 했겠는가?

   아무튼 모럴해저드의 늪에 빠져 있는 펀드매니저들, 브띠끄 운영자들, 고유계정 운용 인력들이 많은 이상, 이들을 경계하고 이들의 포트 종목을 부디 맹신하지 않기를 거듭 당부한다.

Secret No. 4　대장주를 잡고 싶은가? 그렇다면 메이저를 쫓아다녀라!

통상 '메이저'라 하면, 큰 물량을 동원해서 특정 종목의 시세를 지배적으로 조종할 수 있는 세력을 의미한다. 여기에는 대표적으로 외국인과 기관투자가들이 있다. 외국인 투자가들은 2000년 초, 시가총액에서 그들의 비중을 40% 이상까지 끌어올린 적이 있었다. 그들은 단기간에 롯데주들과 농심, 남양유업, 그리고 삼성전자, POSCO, SK텔레콤 등 자신들이 공략한 대부분의 종목을 시장의 황제주로 만들어 버렸다.

과거 2003년 초, 필자가 외국인 첫 입질을 포착, 회원들에게 제공해서 크게 성공했던 사례 중에 '종근당'이라는 종목이 있었다. 당시 종근당은 4,000원에 불과한 그저 그런 저가주였다. 그러나 외국인이 지분을 20% 정도로 대폭 확대하면서 불과 1년 만에 40,000원 이상으로 급등, 일약 제약주 강자로 급부상했었다.

당시 증권 강연회장을 돌면서, 필자가 종근당과 LG석유화학을 주목하라고 부르짖었던 단 하나의 이유는, 그들 종목에 메이저인 외국인이 물량 매집을 대폭 확대하고 있었기 때문이다.

2007년에 접어들자 서브프라임 사태와 유가 급등으로 인해 글로벌 증시가 급격히 불안해졌다. 그러자 외국인들은 국내 시장에서 빠르게 철수했다. 급기야 2008년 초, 시가총액에서 그들이 차지하는 비중은 무려 30% 수준까지 떨어졌다. 이제 그들이 빠져나간 빈자리는 최근 5년간 대규모 펀드자금으로 무장한 기관투자가들이 차지했다.

풍부한 유동성을 확보한 기관투자가들은 이제 시장의 새로운 강자로 급부상했다. 외국인들의 시장지배력이 약해진 틈을 타, 그들은 시장의 절대 세력으로 자리 매김 했다. 그리곤 2006년, 2007년 현대중공업을 비롯한 조선업종의 대세 상승을 주도했다.

지난 2008년 초, 필자의 제자인 '양음선생', '아마존', '따블맨', '타이탄', '상플러스' 등은 실시간 종목 방송인 상TV(www.sangtv.co.kr)를 통해 태광, 현진소재, 하이록코리아 등 조선기자재의 급부상을 마치 정신 나간 사람처럼 떠들었다. 한때는 일주일 내내 조선기자재를 추천했을 정도로 그들의 확신은 정말 대단했다. 왜 그들은 한결같이 조선기자재의 급등을 예고한 것일까? 어떤 징후, 어떤 기준에 의해서 조선기자재를 그렇게 노래했는지, 잠시 양음선생의 말을 들어보자.

"징후요? 저희가 만든 메이저 차트 때문이었죠. 당시 업종 군 전체로 메이저 물량이 일시에 쏟아져 들어오는 것은 유일하게 조선기자재밖에 없었습니다. 물론 환율 상승 수혜주인 IT주와 자동차주로도 매기는 돌았지만 기관들의 물량은 LG전자 등 일부 종목으로 국한되었죠. 반면에 조선기자재는 종목 전체에 골고루 기관들 물량들이 대량으로 유입되었습니다. 그러다 보니 메이저 차트에서 동일한 매수 신호가 연달아 포착되었고, 우리는 이를 놓치지 않았던 것이죠. 당시 시험방송 중이던 상TV 증권방송을 통해, 태광이나 현진소재를 한 달 내내 추천했을 정도였습니다. 특히 태광의 경우, 기관들은 2월에서 3월까지 두 달 동안 단 하루도 빠짐없이 샀습니다. 정말 엄청난 매집이었죠. 하지만 이 모든 징후는 메이저 차트에 고스란히 잡혔고 우리는 신호에 충실히 따랐던 것이죠."

전문가마다 중요하다고 강조하는 보조지표들은 꼭 있다. 그중 대표적인 것에 MACD, 스톡캐스틱, 일목균형표, 볼린저밴드 등이 있다. 초보시절 필자도 보조지표가 가장 중요한 줄 알고 한동안 머리 터지게 공부했던 적이 있다. 지금도 그러한가? 보조지표를 보지 않은 지만 7년째다. 수급 흐름은 캔들과 거래량, 이평선만으로 충분하다. 제일 중요한 건 수급의 배경, 즉 주체를 파악하는 것이다. 바로 메이저 동향을 분석하고 따라붙는 것이다.

메이저 추종 전략은 과거 '롯데그룹주'에서 최근의 '메가스터디'까지 항상 유효했다.

왜 개인투자자들은 종목을 발굴하는 데 있어, 아직껏 실적 운운하고 저평가 운운하는지 늘 의문이다. 수급은 모든 것에 우선하며, 그 수급을 좌지우지하는 것이 바로 메이저들이 아닌가. 수급을 결정짓는 메이저들, 이제 그들의 꽁무니만 쫓아다니면 될 일이다. 혹시 어떻게 메이저를 따라 하라는 말인지, 질문하고 싶은가? 정말 간단하다. 메이저 차트를 통해 쌩끌이 들어오는 종목만 선별적으로 거래하면 된다.

그렇다면, 메이저 차트는 또 어떻게 볼 수 있느냐? 하는 질문을 하고 싶을 것이다.

간단하다. 'Sang시스템'에서 제공하는 '상차트'를 열어 보면 된다. 상차트의 가장 큰 특징은 MACD, 볼린저밴드가 아니라 바로 메이저 차트를 기본 디폴트로 아예 못 박아 두었다. 메이저 차트는 그 어떤 보조지표보다 우선된다. 그렇기 때문에 보조지표를 아예 몽땅 빼버렸다. 다행스럽게도 아직까지 크게 항의하는 이용자가 없다. 아마도 'Sang시스템'에서 제공하는 메이저 차트가 복잡한 보조지표보다 여러모로 요긴하다는 것을 인지하지 않았나 싶다.

아무튼 상차트에는 기관과 외국인의 지분상태, 증감상태가 한눈에 들어오게 고정 디폴트로 설정해뒀다. 쓸데없는 보조지표는 모두 버렸다. 대신 수급에 결정적인 영향을 미치는 메이저들의 움직임을 추적하며 거래할 수 있도록 메이저 동향을 우선적으로 넣었다.

  참고로, 그동안 시세를 크게 줬던 조선주, 두산그룹주, 미래에셋증권, 메가스터디 등 대박주들은 모두 메이저 차트만 주목했다면 다 잡을 수 있었다.

Secret No. 5 주식은 쉴 때가 따로 없다. 시장을 결코 떠나지 마라!

  사실, 개인투자자들에게 특별한 운이 기적처럼 따라다니지 않는 한, 처음부터 어떤 실수도 없이 주식투자로 돈을 벌기란 거의 불가능에 가깝다. 주식시장에는 투자자들에게 보내는 신호들이 끊임없이 엄청난 양으로 쏟아진다. 실물경제에서 파생상품시장 혹은 외환시장, 채권시장, 원자재 시장까지 증시의 변화를 예고하는 수많은 신호들이 쏟아지는 것이다. 어떤 신호는 불과 몇 분 정도 영향을 주다가 사라지고, 또 어떤 신호는 며칠 혹은 몇 달의 변화를 가져오기도 한다. 투자자들은 나름의 각종 정보 채널을 동원하여 이러한 신호를 다른 사람보다 먼저 수신하기를 원한다. 또 서둘러 분석에 매달린다.

그러나 대부분의 투자자는 주식시장의 거대한 흐름의 변화를 놓치기 일쑤이다. 결국 흐름의 변곡점을 탈 수 있는 최상의 기회마저 날려버리게 된다. 영속적 성장과 주기적 호황 사이의 변화와 순환의 순간을 거의 놓치면서 부자가 될 기회들을 날려버리게 되는 것이다.

한 가지 궁금해진다. 투자자들은 도대체 무슨 이유에 의해서 이런 기회를 놓치게 되는 것일까?

'짐 크레이머(Jim Cramer's)', 월가 최고의 펀드매니저(10년간 20% 이상의 수익률 기록)이자 《영리한 투자》의 저자이다. 그는 자신의 저서를 통해, "강세장, 강세 업종은 어디선가 계속되기 때문에 결코 시장을 떠나서는 안 된다."라고 주장했다. 큰돈을 벌 기회가 왔을 때 기회를 잡을 수 있어야 부자가 되는데, 그러려면 항상 시장 안에 있어야 한다는 것이 그의 투자 철학인 것이다. 현재 짐 크레이머는 재테크 관련 라디오 프로그램인 〈리얼 머니〉와 TV쇼인 〈매드 머니〉를 진행하는데, 거기에서 그가 개인투자자들에게 하는 유일한 주문은 단 하나다. 바로 '시장을 떠나지 마라!'이다.

성공한 투자자들은 시장을 떠나지 않음으로써, 기회가 왔을 때 그 기회를 완벽하게 잡는다. 그것이 부자들의 성공법칙이다. 시장 안에 있어야 강세장을 읽어낼 수 있고, 또한 시장 중심의 강세 업종을 공략할 수 있게 된다.

글로벌 증시는 계속해서 확대되고 있다. 아울러 국내 주식시장 또한 계속해서 성장하는 추세이다. 이것이 주식시장의 정체성이다. 결코 변하지 않는 주식시장의 본질! 그렇다. 주식시장의 정체성이란 시간에 비례해서 계속해서 확장되고 다양한 상품으로 파생되는 것이다. 시장이 계속해서 성장하는 이상, 우리는 하나의 결론을 얻을 수 있게 된다. 주식투자는 결코 쉬운 것이 아니다, 라는 사실!

항상 시장에 몸담고 있어야 한다. 부자가 될 기회를 한 번이라도 더 얻기를 원한다면 반드시 그래야 한다. 그리고 끊임없이 강한 종목으로 옮겨 다녀라. 그것이 큰 기회를 잡는 최고의 방법이다. 거듭 말씀 드리지만, 개인투자자의 유일한 해답은 끊임없는 교체매매에 있다. 시장을 굳이 오랫동안 떠날 필요도 없으며 떨어지는 종목을 갖고 머뭇거릴 필요도 없다.

Secret No. 6   대박은 고평가 종목에서 터진다! 저평가 종목의 함정에서 벗어나라!

증권사의 기업 리포트는 생각보다 단순하다. 예를 들면 이런 식이다. 현재 주가가 1만 5천 원인 종목이 있다고 했을 때, 그 종목이 자신들의 계산법으로 적정 주가가 1만 원으로 계산되었다면 고평가 종목으로 분류하여 매도 리포트(사실 증권사 리포트에 매도 추천은 거의 안 실리는 편이다.)를 쓴다.

그런데 동 종목의 적정 주가가 만약 2만 원으로 계산되면 얘기가 180도 달라진다. 그땐 즉각 매수 추천 리포트를 써서 돌린다. 필자는 증권사들이 매수 추천을 남발하는 부분에 대해서는 사실 별 불만이 없다. 매수를 유발시키고 영업이 되도록 자료를 만들어내는 것이 그들의 목표가 아닌가. 문제는 그들의 리포트를 거의 맹신하는 개인투자자들이 너무 많다는 데에 있다. 애널리스트들은 마치 신처럼 종목을 평가한다. 이 종목 저평가, 적극 매수! 이 종목 고평가, 매도! 이런 자료는 더욱 남발되고, 거기에 휘둘린 개인투자자들은 사고팔기를 끊임없이 반복하게 되는 것이다.

아무튼 개인투자자들은 증권사들이 제시하는 추천주에 믿음이 크다. 그들은 뭔가 우리가 모르는 특별한 계산법이 있을 것으로 믿는다.

'분명 우리가 모르는 대단한 공식이나 금융공학적인 비밀이 있을 거야.' 하고 말이다.

결론부터 말씀드리겠다. 그들이 개별 기업의 적정 주가를 산출하는 데 있어 고차원적인 수학공식이 동원되고, 수십 가지 복잡한 첨단 지표가 동원되는 줄 아는가? 천만의 말씀이다. 믿고 안 믿고는 자유겠지만, 대부분은 주당순이익(EPS)이란 매우 단순한 지표에 절대 기준을 두고 있다. 물론 업황이나 시장지배력 등의 몇 가지 변수를 반영한다는 점은 인정한다.

잠시 그들의 적정 주가 계산법을 살펴보도록 하자.
현재의 삼성전자 주가 수준이 대략 60만 원, 그리고 주당순이익이 6만 원이라고 가정하고 그들의 적정 주가 계산법을 들여다본다.

일단, 적정 주가 산출에는 PER(주가수익비율)을 구하는 것이 가장 기본이다.
현재 주가가 60만 원이고 EPS가 6만 원이니까, PER은 60만 원에 6만 원을 나누면 된다. 대략 10배, 즉 삼성전자의 PER은 10배 정도가 나온다. PER은 낮을수록 좋은 종목이 된다. 2008년 5월 전기전자 업종 평균 PER은 14배 정도 되니까 상대적으로 삼성전자는 저평가 종목에 해당한다고 볼 수 있다.

이제 그들의 적정 주가 산출 공식에 대해서 알아보자.

적정 주가의 기본 공식은, 업종 평균 PER에 해당 기업 EPS를 곱하면 나온다. 정말 공식치고 웃음이 날 정도로 간단하지 않은가? 일단 기본 공식대로 업종 평균 PER, 14배에 삼성전자 EPS 6만 원을 곱해보자. 그랬더니 적정 주가는 84만 원이라고 나온다. 앞에서 가정한 삼성전자의 주가는 60만 원, 해당 기업의 적정 주가는 84만 원, 분명히 저평가 종목이다. 그들은 즉시 매수 추천 리포트를 만든다. 이 정도 수준의 저평가 종목이 발굴되었을 때, 절대 망설이지 않는 것이 또한 그들이다. 즉각 그들의 방식으로 리포트를 압축해봤더니 다음과 같이 나왔다.

"……동 사(社)의 적정 주가는 업종 평균 PER 14배에 EPS 6만 원을 곱한 값, 84만 원에 업종 대표주로서 프리미엄 10%를 더하면 대략 90만 원임. 현재 주가 수준인 60만 원을 감안했을 때 30% 이상 추가 상승 여력이 있다고 판단됨. 동 사는 저평가 종목으로 메리트가 충분하다고 판단되는 바, 동 종목 적극 매수 추천!"

기업 분석에 있어 약간의 극단적인 측면을 부각하기는 했지만, 사실 저평가 운운하며 매수 추천하는 종목을 보면 상기 내용 이외에 특별한 것이 있던가? 필자는 그들의 적정 주가 분석 리포트에서 참신하고 좀 독특한 분석법, 혹은 특별한 공식(개인적으로 좋아하는 애널리스트는 이윤학 씨인데, 차트 분석을 베이스로 한 그의 업종 분석 논거는 정말이지 좋다.) 같은 것은 지금껏 거의 보지 못했다.

자, 그건 그렇다 치고, 만약 시장상황 악화로 삼성전자가 50만 원으로 하락했다고 가정했을 때, 그들의 논리가 이제 어떻게 나오는지 한번 들여다보자. 통상은 추세가 무너졌으니 필자를 위시한 추세 추종자들은 일단 팔 것을 종용하게 된다. 소나기는 피하란 말도 있지 않은가. 그러나 그들의 저평가 논리는 더욱 빛을 발하며 투자자들이 절대 팔 수 없게 강력하게 매도 욕구를 차단한다.

"동 사의 현 주가는 50만 원, EPS는 6만 원이므로 PER 8.3배임. 절대 저평가 종목으로 동 사에 대해 강력 매수(Conviction Buy)를……."

자, 이제 투자 의견이 매수에서 강력 매수로 바뀌었다. 과연 이런 자료를 보고 누가 팔 수 있겠는가?

진짜 문제는 그다음이다. 계속 떨어지면 '끝까지 강력 매수'를 주장해야 논리의 모순으로부터 벗어날 수 있는데, 투자자들의 원성이 극에 달하면 언제 그랬느냐는 듯 증권사 리포트는 말을 싹 바꾼다.

그렇다면 어떻게 그들의 논리가 180도 바뀌는지 한번 살펴보자. 약간 비약하고 압축해서 표현해 보면,

"현 주가 40만 원, 당해년 예상 EPS 추정치를 3만 원으로 낮추며, 그럴 경우 PER 13.3배로서 동 사의 저평가 국면은 완전히 해소되었으므로 매수 추천을 철회……."

가만히 들여다보면 증권사 리포트, 정말 웃길 때가 많다. 자기들이 주장한 것과 반대로 주가가 움직이면 언제 그랬느냐는 듯이 주당순이익의 추정치를 확 낮추거나 확 올려서 적정 주가를 아예 뒤집어버린다. 여기에 따른 결과나 피해에 대해서는 별도의 책임을 지지 않는다고 하니, 그래서 함부로 쉽게 말을 바꾸는 것인가? 아무튼 기업 리포트를 통해 예상 EPS를 수정, 간단히 적정 주가를 뒤집어버리는 저들만의 너무나 편한 방식에 필자도 가끔은 혀를 내두르곤 한다. 하긴 이런 일이 어디 한두 번이었겠는가? 그런데도 개인들은 그들의 리포트를 믿고 지금도 거꾸로 매매를 일삼는다. 거듭 강조하지만, 더는 그들의 저평가 논리에 빠져 종목을 매입하지 않기를 간곡히 바란다.

Secret No. 7 분산투자의 유혹에서 벗어나라.
대박은 집중투자에서 터진다!

분산투자는 펀드운용의 핵심이다. 펀드운용자는 리스크를 예방한다는 명목으로 여러 투자처를 대상으로 최대한 다양하게 포트폴리오를 구성한다. 잃지 않고자 그들은 투자대상을 최대한 잘게 나눈다. 채권도 편입하고, 친디아 주식도 편입하고, 때로는 곡물 관련 선물도 편입한다. 이건 이익을 위한 투자가 아니라 분명히 잃지 않기 위한 투자다. 이렇게 잘게 나누는데 안전하지 않으면 그것이 도리어 이상하지 않겠는가? 그런데 이렇게 겁을 먹고 분산투자를 하고선 돈은 언제 벌 계획이란 말인가? 아무튼 돈을 맡긴 투자자들은 돈을 불려주길 바라며 맡긴 것인데, 고작 잃지 않고자 전 세계 곳곳으로 나누어 투자한다는 게 어디 말이 되는가?

"이번에 친디아 쪽이 좀 깨졌지만 다행히 채권에서 10% 건졌어."

이건 마치 한쪽이 올라가면 다른 쪽이 떨어지는 시소게임과 전혀 다를 바가 없지 않은가. 우리는 대부분의 펀드 수익률이, 지금껏 지수평균 수익률을 항상 밑돌았다는 사실에 주목해야 한다.

분산투자의 목적은 리스크 예방이다. 리스크를 두려워한 분산투자는 비록 잃지는 않겠지만 상대적으로 이익까지 상쇄시킨다. 결국 분산투자는 안정적이기는 하나 당신에게서 부자가 될 수 있는 기회까지 박탈해가고 만다.

"계란을 한 바구니에 담지 마라."는 격언이 있다. 혹 당신은 이 말을 진심으로 믿고 있는가? 물론 믿고 믿지 않고는 자유다. 이 격언은 주로 투자금액이 적고 이제 막 시장에 입문한 초보자들이 주로 신봉한다.

"계란을 한 바구니에 담고 그것을 지켜라!" 이것이 바로 상위 1% 투자가들끼리 암암리에 전수되는 거래 비책이다. 그들은 여러 바구니에 나누어 담더라도, 각기 바구니에 담는 계란 수는 분명히 다르게 가져간다. 튼튼한 바구니에 계란 수는 당연히 많도록 하는 것이 바로 상위 1%의 성공투자가들인 것이다. 그들은 분산투자를 하되 비중을 달리한다. 이는 엄밀히 말해 집중투자에 해당된다.

성공을 원하는가? 지금 당장, 분산투자의 유혹으로부터 벗어나라!
시장 중심에 있는 가장 강력한 업종을 찾아라. 그리고 집중적으로 투자하라!

Secret No. 8 　부자를 원하는가? 그렇다면 리스크를 즐겨라!

미국 주간경제지 〈포브스〉는 미국 400대 부자의 성공비결을 소개하며, "부자가 되는 가장 빠른 길은 과감한 'Risk Taking'(위험 감수)다."라고 분석했다. 400대 재벌들은 리스크를 안고 불리한 상황에서 위험을 무릅쓰고 투자를 한 결과, 다른 사람이 갖지 못하는 기회를 잡았다고 한다.

〈포브스〉에 실린 사례를 하나 살펴본다.

미국 아웃도어 장비업자인 폴 파이어맨은 1979년 국제박람회에서 우연히 영국의 젊은 스포츠맨이 만든 혁신적인 디자인 신발을 발견하게 된다. 디자인에 반한 그는 집을 저당 잡히면서까지 그 권리를 인수하는 데 모든 것을 쏟아 붓는다. 그리고 20여 년이 흐른 지금, 그는 당시에 매입한 혁신적인 디자인의 신발을 세계적인 스포츠 브랜드로 키워냈다. 그것이 바로 지금의 '리복'이다. 만약 그때 '폴 파이어맨'이 리스크를 싫어하는 우리와 같은 평범한 사람이었다면, 아마 지금의 리복은 결코 탄생하지 않았을 것이다.

리스크는 '위험'을 뜻한다. 그렇지만 '위험을 각오하다.'라는 뜻이 있기도 하다. 그렇게 보면, 위험을 각오하면서도 주식시장에 당당히 맞서는 용기, 그것이 진정한 투자자들의 자세가 아닐까 싶다. 리스크는 분명히 피할 수 있다. 리스크에 도전하지 않으면 되니까 말이다. 하지만 부자가 되려면 어떤 식이든 리스크에 맞서야 한다. 〈포브스〉 기사에 따르면, 리스크에 도전하지 않고 재벌이 된 사람들은 단 한 사람도 없다고 한다. 여기서 궁금해진다. 리스크에 도전하면 누구나 부자가 될 수 있는 것일까?

우선, 리스크에 대해 알아보자.

리스크는 '계산 가능한 리스크'와 '계산할 수 없는 리스크' 이렇게 두 가지로 나뉜다.

'계산 가능한 리스크'에는 누구나 도전한다. 하지만 모두가 두려움 없이 도전함으로써 그 가치는 떨어진다. 여기에는 은행의 예금상품이 해당된다.

반면 '계산할 수 없는 리스크', 계산이 불가능한 리스크에는 도전자가 적다. 도전자가 적은 만큼 그 가치는 급격히 상승한다. 이는 성공했을 경우 얻게 되는 것이 매우 많다는 얘기가 된다. 결국 부자가 되려는 소수의 사람만이 이런 리스크를 기꺼이 감수하게 되고, 그들만이 다디단 열매를 먹게 되는 것이다. 부자는 이렇게 리스크를 즐긴 담대한 투자자들 몫이다.

모건스탠리의 투자은행 이사로 재직했던 '아론 브라운', 그는 '계산할 수 없는 리스크'를 감수할 때 기본 규칙으로 다음 네 가지를 제시

했다. 이를 통해 합리적인 리스크를 만들고자 했다.

첫째, 사전 조사를 철저히 한다.
둘째, 성공을 향해 힘차게 전진한다.
셋째, 때론 접을 줄도 알아야 한다.
넷째, 다 잃어도 당신 자신은 남겨야 한다.

주식시장은 모든 것을 한순간에 잃을 수 있는 살벌한 전쟁터와 같다. 그런 전쟁터에서 최종 승자가 되려면 합리적인 리스크를 찾는 노력이 필요하다. 비록 '계산할 수 없는 리스크'라 할지라도 좀 더 확률 높은 거래전략은 없는지, '계산 가능한 리스크'를 적용할 여지는 없는지, 충분히 고민해야 한다. 비교분석법을 통해서 손절 위험성이 가장 낮은 종목을 선택하고, 세트매매를 통해서 교체매매를 생활화하는 것도 하나의 방법이 된다. 손실 확정을 주저하는 성격의 소유자는, 오토 컷 기능을 활용하여 리스크를 합리적으로 관리하는 것이 중요하다.

그러나 그 어떠한 경우라도 투자자들의 기본적인 철학은 "리스크 없이 기회도 없다!"라는 굳건한 자기 확신이 있어야 한다.

세계 최고의 금융 강국 중 하나인 스위스. 바다에 접하지도 않았고 국토의 90%가 산으로 둘러싸인 열악한 환경의 스위스. 어떻게 그들이 1인당 시가총액 12만 달러(우리나라 6배)이 넘는 나라가 될 수 있었을까? 그들이 금융 강국으로 성장할 수 있었던 가장 큰 원천은 바로 리스크를 즐기고, 큰 승부를 즐기면서, 집중투자를 통해 부를 축적하는 그들 특유의 투자 철학이 어릴 때부터 몸에 배어 있었기 때문이다.

Secret No. 9 **세트매매를 통해 승률을 높여라!**

낚시기법 중, 일본에서 들어온 최신 기법에 '세트낚시'가 있다. '세트낚시'는 집어제와 미끼를 한 세트로 운용하는 밑밥 전술이라는 뜻에서 생긴 신조어이다. 이 신종 낚시기법의 원리는 비중도가 낮은 집어제를 중층에 띄우게 하고 그 밑에 비중도가 높은 미끼를 세팅하는 방식이다. 지속적으로 흘러내리는 집어제를 따라서 대상어가 미끼에 도착하고 자연스럽게 미끼를 흡입하게 한다. 이렇게 집어제와 미끼를 세트로 사용했을 때, 그 조과(釣果) 차이는 적게는 수 배, 많게는 수십 배에 이르러서 최근의 경기용 낚시에서는 대부분 이 '세트낚시'를 구사(과거에는 집어제와 미끼를 따로 구분해서 투여했으며, 동시에 투여하는 경우라도 같은 수심층에 집어제와 미끼를 동시에 투여했다.)하고 있다.

낚시를 비교해 이야기했지만 필자가 말하고자 하는 바는, 변동성이 큰 주식시장에서 새로운 거래전략, 규칙적인 거래전략을 세우지 않고서는 자신만의 수익모델을 확보하기가 결코 쉽지 않다는 얘기이다. 일정한 거래규칙, 특히 매도규칙을 확보하지 않은 개인투자자들이 안정적인 수익을 챙기기는 거의 불가능에 가깝다. 그래서 찾은 해답이 '세트낚시'에서 집어제와 미끼를 세트로 묶었듯이, 주식매매에서 매수와 매도를 한 세트로 묶어서 기계적인 거래를 하자는 것이다. 바로 '세트매매' 말이다.

주식투자에서의 성공 여부는 일정한 규칙이나 기준을 정확히 적용했느냐에 따라 크게 다르다. 특히 매도에 있어서는 더욱 그러하다. 사실 실전에서 부자가 되는 방법은 특별한 비책이 있는 것이 아니다. 그저 이익은 최대한 확대하고, 손실은 최소화할 수 있으면 된다. 수익은 거래규칙이 안정적이고 일관성이 있으면 자연스럽게 발생하게 된다. 그러기 위해서는 무엇보다 기계적인 거래가 요구된다.

매수의 목적은 무엇인가? 비싸게 팔기 위해서가 아닌가? 매도의 목적은? 더 좋은 종목을 사기 위함이다. 그렇다면 매수와 매도의 연결

성은 반드시 필요한 것이 아닌가? 그렇다. 매수는 반드시 매도로 이어져야 하고, 매도 또한 매수로 이어져야 한다. 이것이 평소 필자가 주장하는 '교체매매' 그 이론의 핵심이다.

매수에 비해 매도는 정말이지 어렵다. 심리적으로 그렇다. 그래서 더욱 매도가 중요하다. 매수 심리는 희망이다. 올라갈 것 같은 마음에 사니까 결정이 매우 쉽다. 반면에 매도 심리는 공포이다. 행복한 매도는 거의 없다. 고통에 못 견디다가 바닥에서 던지거나, 조금 올랐을 때 다시 떨어질지 모른다는 두려움에 조금 먹고 던지고 만다. 이익 매도든 손실 매도든 매도는 모두 공포 심리의 지배를 받는다. 항상 많이 잃고, 먹을 때 조금 먹는 이유가 바로 여기에 있다. 이런 희망과 공포라는 심리로부터 자유롭지 않은 이상, 주식투자로 성공하기란 결코 쉽지 않다.

'세트매매', 사실 이것을 이론이라 이름 붙이기에는 민망할 정도로 '세트매매'의 이론은 매우 단순하다. 그러나 수익을 생각하면 더 이상의 이론은 없을 정도로 대단하다. 혹, 승률이 낮으면 매도 기준만 조금 수정하면(예를 들어, 매도 기준을 5일선에서 20일선으로 조정한다든지, 혹은 음봉 길이를 8%에서 6%로 조정한다든지 등) 간단히 해결된다. 조건 값을 소폭 수정하는 것만으로 결과는 금세 달라진다. 문제는 '세트매매'를 지속적으로 실천할 수 있느냐 하는 것이다. 거듭 말씀드리지만, 매수의 목적은 매도이다. 누군가 혹시 주가가 20일선 위에 있는 종목을 매수하는 이유를 묻거든, "실적이 좋아서."라는 뻔한 대답을 하지 않기를 바란다. 이왕이면 "주가가 20일선 밑으로 떨어지면, 그때 팔려고 산다."라고 시원하게 대답하라. 혹시라도 메이저가 매집하는 종목을 매수할 때 또 누군가가 묻거든, 마찬가지로 "메이저가 팔 때 같이 매도하려고 매수한다!" 이렇게 당당하게 말하라. 이것이 규칙이고 이런 거래가 바로 '세트매매'이다.

그런데 이게 쉽지가 않다. 지금처럼 수동으로 매도 타이밍을 잡는 이상, 희망과 공포라는 심리의 지배를 받기는 마찬가지다. 최고의 해법은 매수는 수동으로 접근하더라도 매도만큼은 자동으로 처리하는 것이다. 정해진 알고리즘에 의해서 고민 없이 매도 처분하는 것이 가장 적게 잃고, 먹을 때 가장 많이 먹는 최상의 전략이 된다. 해서 필자는 '오토 컷'이라는 자동 매도 기능을 만들었고 이를 'Sang시스템'에 탑재했다.

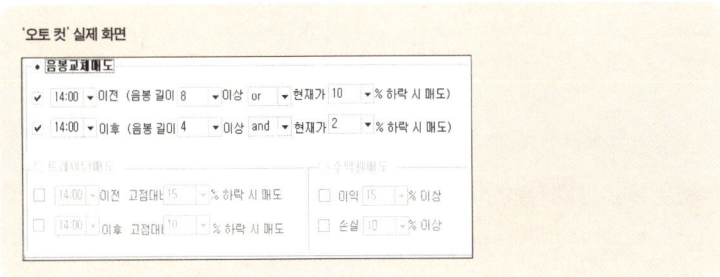

'오토 컷' 실제 화면

　상기 화면이 바로 '오토 컷' 메뉴의 일부이다. 매우 단순해 보이지만 실전에서 이 메뉴의 기능은 당신을 깜짝 놀라게 할 정도로 혁신적이고 강력하다. 손실은 최대한 짧게 끊어주고, 이익은 최대한 굴리는 데 있어 상기 '오토 컷'보다 더 나은 기능은 지금껏 없다는 것이 필자의 생각이다.

　일단 '오토 컷'에는 위에서 보듯 두 가지 조건 값들이 있다. 지면 관계상 그중 하나만 설명해보기로 하자. 맨 상단에 있는 조건, '음봉교체매도'를 한번 살펴보자.

　'음봉교체매도'는 어떤 경우라도 실전 거래에서 장대 음봉만큼은 절대 맞지 말라는 취지에서 필자가 고심 끝에 만든 기능이다. 이 알고리즘은 음봉 길이를 정해놓으면 자동으로 알아서 처분하는 매우 단순하면서도 혁신적인 기능이다. 정해진 조건에 장대 음봉의 길이가 딱 맞으면 어떠한 고민도 없이 로직은 물량을 처분한다. 이것이 바로 '오토 컷'의 핵심 기능이다.

자, 그렇다면 왜 이 기능이 필요한지 그 배경에 대해서 알아보자.

간혹 실전에서 이런 경험들을 했을 것이다. 자기가 보유하고 있던 종목이 별 이유 없이 장대 음봉을 맞는 경우, 그리고 다음 날부터 미처 팔 틈도 없이 폭락으로 이어지는 경험. 이런 경우에는 누구든 같은 생각을 하게 된다.

"아, 떨어질 때 누군가가 나를 대신해서 확실하게 매도해줬으면 얼마나 좋았을까."

그렇다. 바로 이것이다. 소나기는 피하라는 격언도 있지 않은가. '음봉교체매도' 기능의 가치는 바로 여기에 있다. 예기치 않은 급락을 100% 차단해주는 것!

끔찍하겠지만, 당신이 보유하고 있는 종목이 오전 장에 이미 8% 이상의 긴 장대 음봉을 맞았다고 한번 가정해보자. 솔직히 이 정도 장대 음봉이면 완전히 끝난 종목으로 봐야 하지 않겠는가. 특히 장대 음봉을 맞은 시점이 오전 장이라면, 당일 회복 가능성은 채 10%도 안 될 것이다.

반면에 하한가로 처박힐 공산은 매우 높을 것이다. 8% 이상의 롱바디의 음봉이면, 결코 매도를 망설일 이유가 없는 끝난 종목이다. 신속하게 잘라주는 것이 최선이다.

이럴 때 바로 '오토 컷'이 자동으로 실행되는 것이다. 망설임 없이 손실을 끊어서 최소한 하한가를 맞는 그런 위험으로부터 당신을 보호해준다.

또 하나, 2시 이후에 강한 종목으로의 교체매매를 위함이다. 이를 위해서는 약한 종목을 우선하여 매도해야 한다. 즉, 4% 이상의 몸통을 가진 음봉의 종목은 반드시 처분해야 그 돈으로 종가에 강한 종목을 살 수 있다는 얘기이다.

2시 이후에 4% 이상의 긴 음봉이면 누가 보더라도 약한 종목임이 분명하다. 종가에 홀딩할 이유가 전혀 없는 종목으로서, 과감하게 끊어주고 강한 종목으로 넘어가는 것이 훨씬 유리하다. 만약 여기서 끊어주지 못하면 강한 종목으로의 교체매매는 처음부터 성립되지 않을 것이다.

결론적으로 변동성 강한 주식시장에서 안정적인 수익률을 보장

받으려면 무엇보다도 매수와 매도를 한 세트로 묶는 것이 최선이다. 'Sang알박기' 메뉴를 통해 상위 1% 강한 종목을 매수하고, '오토 컷'을 통해 자동으로 매도하는 것! 이는 예기치 않은 리스크를 예방함은 물론 장대 음봉이 출현하기 전까지 오랫동안 보유하게 되므로 급등시 이익을 극대화하는 효과도 함께 노릴 수 있게 된다.

Secret No. 10 전 종목 1,800개 차트를 통째로 외워라!

2008년 5월 기준, 거래소 시장과 코스닥 시장에서 거래되고 있는 종목은 대략 1,900여 종목이 있다. 정확하게는 거래소 시장에 886종목, 코스닥 시장에 1,032종목으로 총 1,918종목이 거래되고 있다.

이 중에서 관리 종목과 1천 원 미만의 저가주와 우선주, 그리고 하루 평균 거래량 5만 주 미만의 종목들을 제외하면 대략 700여 종목이 남는다. 이 종목들이 바로 우리가 거래할 수 있는 투자대상 종목들이다. 이들 종목들을 연속보기 기능을 통해 검토해 보면, 각 종목의 패턴 흐름은 정말 각양각색이다.

어떤 이는 과연 이렇게 많은 차트를 굳이 외워야 할 필요가 있을까, 하고 반문할지 모르겠다.

지금 당장, 전 종목의 차트를 하나하나 검색해 보라. 물론 개별 종목, 하나의 차트를 굳이 세부적으로 깊게 분석할 필요까지는 없다. 차트를 넘기면서 최근 차트의 전체적인 흐름을 짚는 것만으로도 충분하다. 단 한 번이라도 전 종목의 차트를 검색해 본 투자자라면, 짧은 기간에 차트를 분석하는 자신의 눈높이가 얼마나 올라갔는지 확연히 느끼게 된다.

최소 한 달만 반복적으로 차트 연속보기를 해보라! 서서히 추세가 보이고 지지 라인, 저항 라인이 보이게 될 것이다. 바닥에서 흔히 나타나는 징후나 패턴, 그리고 상투에서 흔히 나타나는 징후나 패턴까지 몽땅 보이게 될 것이다. 그리고 어느 순간, 차트의 다음 흐름이 어떻게 될지 예상하는 수준까지 자신의 안목이 높아졌음을 발견하게 될 것이다.

무엇보다도 차트 암기의 가장 중요한 장점은 종목에 대한 자신감이다. 자신이 그 종목의 흐름을 파악하고 있다는 믿음 말이다. 처음 본 종목과 비교해 이미 흐름을 알고 있는 종목을 매매하는 것이 매매 타이밍을 잡는 데 있어 무척 수월하다는 것은 충분히 짐작되는 일이 아니겠는가? 실제로 필자가 트레이더 시절, 차트 패턴이 어느 정도 암기된 종목은 즉흥적으로 거래한 종목에 비해 항상 수익률이 좋았던 것으로 기억된다. 이는 해당 종목의 진행 흐름이 어느 정도 파악되므로 타이밍 잡기가 용이해서 그랬을 것으로 판단된다.

차트 암기는 영어 단어를 암기하는 것과는 전혀 다르다. 돈이 걸려 있어서 그런지 공부처럼 결코 수동적이지 않고 의외로 재미있다. 직업적인 트레이더라면, 전 종목의 차트를 검색하는 것이 매우 즐거운 일일 것이라 단언한다. 단순히 반복하여 패턴을 외운다고 하여 절대 머릿속에 기억되지 않는다.

최근 한국을 방문한 이스라엘의 천재 기억술사 '에란 카츠'가 자신의 저서에서 이렇게 말한 바 있다.

"스스로 기억력이 좋지 않다고 하는 학생이 자신이 좋아하는 축구 선수 이름을 수십 명씩 외우고, 어떤 선수가 어떤 경기에서 어떻게 골을 넣었는지까지 상세히 기억하고 있다. 이는 타고난 기억력의 문제가 아니라 기억 대상에 대한 관심과 알고자 하는 욕구가 강하기 때문이다."

차트를 반복하여 보며 패턴을 암기하려는 투자자들은, 다음 날 주가의 향방이 궁금하여 밤을 꼬박 새우기도 한다. 사실 그 정도의 열정을 가진 투자자라면, 최대 100여 개 정도의 차트 흐름은 완전히 머리에 저장할 수 있을 것이다. 또한 200~300여 개 정도의 차트는 정확히 구분할 수 있을 것이다.

오늘 당장 자신이 보유하고 있는 종목의 차트를 암기해보자. 이평선, 캔들, 거래량……. 아예 패턴 전체를 통째로 외워보자. 차트 연속보기를 통해 전 종목을 서로 비교분석도 해보자. 어떤 종목의 차트가 가장 깨끗한지, 또 어떤 종목에서 세력의 매집이 시작되었는지 등등. 1,800여 개 전 종목을 샅샅이 살펴보면서, 그리고 서로 비교해 보면서, 당신은 어느 순간 차트의 목소리를 듣게 될 것이다.

'이평선이 모였어요! 그리고 양봉이 밀집하네요!

저를 주목하세요!'

'거래량이 점증하면서 드디어 저항 매물대를 돌파합니다.

얼른 저를 사세요!'

'고점에서 물량이 터졌어요. 오늘 피뢰침 음봉 탄생입니다.

저를 파세요!'

이렇게 말이다.

차트는, 수급과 심리가 모여서 만들어진 하나의 완벽한 언어이다!

차트에 관한 필자의 정의를 끝으로 글을 마친다.

시장을 떠나지 않는 한 당신은 미래의 승자다. 이 말을 잊지 말기 바란다.

에필로그 : 글을 마치며…

따블맨 파이팅!

부디, 이 책을 세 번 이상 반복해서 읽어라!
그런 후 한 달 동안 포기하지 말고 실천하라!
그러면 당신은 1년 안에 분명 '따블맨'이 될 것이다.

주식투자에 있어 핵심은, '투자 철학'에 있다.
'따블맨'은 거래 기법으로 도달하는 영역이 아니다.
'따블맨'은 '거래 원칙'과 '돈 버는 원리'에 의해서 탄생한다.
결국, 투자 철학이 '따블맨'을 만든다.

저가주를 선호하는 투자자는 '따블맨'이 될 수 없다.
낙폭과대주를 좋아하는 투자자 또한 '따블맨'이 될 수 없다.
'따블맨'은 소심한 투자자들의 영역이 결코 아니다.

'따블맨'은 10만 원 이상의 고가주를 두려워하지 않는다.
'따블맨'은 강하게 날아가는 종목도 두려워하지 않는다.
'따블맨'은 더 주고 사는 것에 매우 익숙하다.

아마추어는 약한 종목으로 교체매매를 즐긴다.
자연히 계좌에 주식 수는 점차적으로 늘어날 것이다.
지금 당장, 약한 종목으로의 물량 이동을 멈춰라!

프로들은 강한 종목으로 교체매매를 즐긴다.
그들의 계좌는 강한 종목으로 꽉 들어차게 된다.
결국, 주식 수는 감소하지만 평가액은 대폭 늘어난다.
지금 당장, 강한 종목으로 물량이동을 단행하라!

저평가 매수 논리는 정말 위험하다.
저평가 함정에 빠지면 하락 시 매수로 대응하니까.
고평가 매도 논리 또한 위험한 건 같다.
고평가 논리에 빠지면 상승 시 매도를 하게 되니까.

사실 저평가 종목은 과감히 던져야 할 대상이다.
하락 추세의 종목이 대부분 저PER 종목이니까.

반대로 고평가 종목은 보유 기간을 늘려야 한다.
상승 추세의 종목이 대부분 고PER 종목이니까.

저평가 종목을 팔고, 고평가 종목을 보유하라니…
이건 당신의 평소 습관과 반대가 아닌가?

그런데 왜 이런 엉뚱한 논리를 펴는지 아는가?
그 이유는 당신이 장기투자자가 아니기 때문이다.
장기투자자를 표방하지만 실제는 단기투자자이다.

물론 손실 난 종목에 대해선 장기투자를 할 것이다.
물리면 가장 위험한 장기투자자가 되는 것이다.
반면에 이익 난 종목에 대해선 단기투자를 한다.
이익을 확정 짓고 싶은 욕구, 이건 못 참을 거니까….

사실, 이익 종목에 대해서 장기투자자가 되어야 한다.
이익의 극대화는 '따블맨'의 핵심이니까.
반면에 손실 종목에 대해선 단기투자자가 되어야 한다.
손실은 과감히 자르는 것이 최선이니까.

결론적으로, 아마추어 트레이더는 약한 종목을 다룬다.
게다가 이익 종목은 던지고, 손실 종목을 보유한다.
반면에 성공한 프로 트레이더는 강한 종목을 다룬다.
물론 손실 종목은 버리고, 이익 종목은 절대 놓지 않는다.

이것이 '따블맨 이야기'의 최종 결론이다.
자, 그러면 지금껏 당신은 어떤 종목을 다루었는가?
그리고 당신은 어떤 트레이더가 되고 싶은가?

이제, 마지막 조언을 드릴까 한다.

현재 시장의 주인은, 연기금, 펀드 등 기관이라는 메이저이다.
그들의 물량 규모는 실로 엄청나다.
주식형 펀드의 설정액만 거의 100조에 육박하니 말이다.

그들은 업종의 덩어리(규모)가 크지 않으면 매수하지 않는다.
자신의 물량으로 인해 시세가 크게 움직이면 곤란할 테니까.
그렇다면, 메이저들이 오랫동안 다룰 수 있는 큰 업종을 찾아야 한다.

2006년, 2007년 '조선 업종' 같은 빅 업종을 말이다.

그런 후, 그들이 지속해서 매집하는 종목에 과감히 알박기 해야 한다.
최소한 시총 5천억 원 이상의 물량을 가진 종목으로 말이다.

이제 필자가 드릴 수 있는 모든 조언은 끝났다.
여러분의 성공 투자를 진심으로 빌어 드리며,
이 책의 모든 내용을 마친다.

"따블맨 파이팅!"

따블맨 이야기

초판 1쇄 발행 2008년 9월 26일
초판 2쇄 발행 2008년 10월 20일

지은이 최승욱
펴낸이 김선식
펴낸곳 다산북스
출판등록 2005년 12월 23일 제313-2005-00277호

PD 임영묵
다산북스 임영묵, 박경순, 이혜원
마케팅본부 곽유찬, 이도은, 신현숙, 박고운
저작권팀 이정순, 김미영
커뮤니케이션팀 우재오, 서선행, 한보라, 강선애, 정미진, 김태수
디자인본부 강찬규, 최부돈, 김희림, 손지영, 이인희
경영지원팀 방영배, 허미희, 김미현, 이경진, 고지훈
외부스태프 삽화 서경희, 조판 김수미

주소 서울시 마포구 염리동 161-7번지 한청빌딩 6층
전화 02-702-1724(기획편집) 02-703-1723(마케팅) 02-704-1724(경영지원)
팩스 02-703-2219
이메일 dasanbooks@hanmail.net
홈페이지 www.dasanbooks.com

필름 출력 스그린_1대픽센타
종이 신승지류유통
인쇄 (주)현문
제본 광성문화사

ISBN 978-89-93285-05-5 03320

· 책값은 표지 뒤쪽에 있습니다.
· 파본은 본사와 구입하신 서점에서 교환해드립니다.
· 이 책은 저작권법에 의하여 보호를 받는 저작물이므로 무단 전재와 복제를 금합니다.

주식부자요? 강한종목만 쫓아가세요

따블맨 전도사, 상TV(주) 최승욱대표

약한종목과 놀면 안 된다?

"주식투자를 통해서 부자가 되고 싶다고요? 그렇다면, 약한 종목과는 절대 놀면 안 됩니다. 약한 종목은 약한 흐름으로, 강한 종목은 강한 흐름으로 진행되니까요. 송곳처럼 날카롭게 머리를 드는, 그런 상위 1% 강한 종목만 다루세요. 그러기 위해서 당신은, 무엇보다도 먼저 '따블맨'이 되어야 합니다!"

따블맨이 되라구요?

"네, 그렇습니다. 10%의 월척 조사가 90%의 월척을 몽땅 잡듯이 소수의 '따블맨'이 따블 간 종목을 몽땅 잡습니다. '따블맨'은 따블 가능성 높은 종목만 공략하니까 결국 급등주는 '따블맨'들의 전유물이 됩니다. 2007년 현대중공업이 그랬고 두산 그룹주들이 그랬듯이 말입니다. 또한 '따블맨'들은 이익을 최대한 굴릴 줄 압니다. 이익을 끝까지 확대하는 전략, 이것이 주식투자를 통해 부자가 되는 데에 있어 매우 중요한

거래 비밀입니다. 항상 돈은, 돈 묻는 원리에 의해서 벼락처럼 벌어야 하는데 이런 논리를 깨우친 사람이 바로 '따블맨'입니다."

따블맨이 되는 지름길은 뭔가요?

"일단, 제자들과 함께 운영하는 상TV를 보시면 됩니다. 상TV는 1,800개 종목 중에 상위 1%의 강한 종목만 실시간으로 쏙쏙 뽑아주는 업계 최초의 종목TV입니다. 신고가를 달리는 종목, 주매물벽을 돌파하고 머리를 강하게 드는 종목, 메이저들이 쌍끌이 매집하는 종목, 이런 강한 종목들만 골라서 아침 8시 반부터 오후 3시까지 실시간으로 제공합니다. 게다가 케이블 수준의 깨끗한 화질을 자랑합니다. 이런 차세대 종목방송을 보시는데 기본 조건은 이트레이드 증권계좌와 동부증권 계좌를 트시고 일정 금액만 넣으시면 됩니다. 그러면 월 사용료 33만 원을 내지 않고도 방송을 무제한 볼 수 있습니다. 아울러 주식 전문가들이 실시간으로 어떻게 종목을 발굴하고 또 어떻게 이익을 챙기는지 생생하게 목격하시게 됩니다.

상TV가 장안의 화제인데, 그 이유는 뭔가요?

"무엇보다도 업계 최고의 퀄리티 높은 종목방송을 서버비 사용료 수준의 저렴한 비용으로 무

제한 제공한다는 점 때문이 아닐까요? 타사 전문가방송은 월 50~99만 원 정도 받고 제공하는 유료 방송이죠. 게다가 그들 대부분은 우리 상TV 같은 동영상 방송이 아니라 라디오 방송으로 진행합니다. 반면에 상TV는, 본인은 물론, 양음선생, 아마존, 따블맨, 타이탄, 샹플러스 등의 전문가들이 매일 오전 8시 30분부터 오후 3시까지, 100% 리얼타임으로 진행합니다. 그것도 지금 시장의 중심에 있는 강한종목만 전문적으로 잡아줍니다. 아무튼 상TV는 20여명의 전문가, PD 등이 정식 스튜디오에서 촬영하고 실시간 제공하는, 업계 최초의 영상으로 제공하는 종목TV입니다."

〈매일경제, 2008년 6월 27일〉